*Meiner Mama gewidmet,
ohne die für mich die Wiesn
nicht die Wiesn wäre und
ohne die ich nicht ich wäre.*

MARGARETE PRIJAK

O'zapft is!

Eine Wiesn-Bedienung erzählt:
Skurrile Geschichten und Überlebenstipps
für die 5. Münchner Jahreszeit

GOLDMANN

Penguin Random House Verlagsgruppe FSC® N001967

1. Auflage
Originalausgabe August 2024
Copyright © 2024: Wilhelm Goldmann Verlag, München,
in der Penguin Random House Verlagsgruppe GmbH,
Neumarkter Str. 28, 81673 München
Unter Mitarbeit von: Angela Kuepper, München
Redaktion: Anna Sulik
Dieses Werk wurde vermittelt durch die
AVA international GmbH Autoren- und Verlagsagentur, München.
www.ava-international.de
Umschlag: Uno Werbeagentur, München
Umschlagmotiv: © FinePic®, München (Himmel, Lebkuchenherz),
© istock/FooTToo (Wiesn-Ansicht)
Autorinnenfoto: © Dieter Mayr
Satz: Satzwerk Huber, Germering
Druck und Bindung: GGP Media GmbH, Pößneck
Printed in Germany
AR · IH
ISBN 978-3-442-14311-5

www.goldmann-verlag.de

Inhalt

Vorwort

Es gibt für mich auf der Welt nur eine Stadt,
die so viel Herz wie München hat …

Die Kaiserlich Böhmischen

Alle Jahre wieder strömen im September die Horden nach München. Dann füllen sich Busse und Bahnen, auf den Straßen rund um die Theresienwiese schieben sich die Massen voran, und wohin man auch schaut, die Leute tragen Tracht. Wenn es dann endlich so weit ist und am ersten Wiesn-Samstag Punkt zwölf der Oberbürgermeister das Fass mit dem Schlegel traktiert, heißt's wieder: O'zapft is! Dann beginnt für die Hartgesottenen die fünfte Jahreszeit, mehr noch: 16 Tage Ausnahmezustand, Gefühle rauf und runter, von himmelhoch jauchzend bis zu Tode betrübt – dann nämlich, wenn man realisiert, dass alles endlich ist, auch die Maß, auch die Wiesn.

Für echte Fans sind diese 16 Tage das Beste, was München, Bayern, ja: die Welt zu bieten hat. Hier kommen die unterschiedlichsten Menschen zusammen, um das pure Leben zu feiern. Um miteinander unter weiß-blauem Himmel oder drinnen im Bierzelt gemütliche Stunden zu verbringen, so richtig Gaudi zu machen und auch mal an die Grenzen zu gehen.

Wiesn, das ist Tradition, Brauchtum, Biergartenkultur. Da ist jeder willkommen. So viel wird geredet über die Spaltung unserer

9

Gesellschaft. Ganz ehrlich? Das fühlt sich bei uns im Biergarten völlig anders an. Da sitzt der Professor Doktor Schlag-mich-tot neben dem Handwerker, der Hells Angel neben der Staranwältin und dazwischen die Familie mit den Kindern, die die Brotzeit selbst mitgebracht hat. Warum auch nicht? Was zählt, ist das Zusammensein. Der Spaß, der Austausch von Mensch zu Mensch. Überhaupt ist doch das, was wir alle gemeinsam haben, viel mehr als das, was uns trennt. Manchmal geht uns das abhanden, dann braucht es den Kitt, um uns Menschen wieder miteinander zu verbinden. Und was die Wiesn angeht, so liefern wir Bedienungen den: in Form einer Maß Bier, einer Apfelschorle oder einem Wasser – auch das gibt's bei uns und ist alles andere als ein Stimmungskiller. Zu sehen, wie aus völlig Fremden Freunde werden, sei's für einen Tag oder fürs ganze Leben, gehört für mich mit zu den absoluten Highlights auf der Wiesn.

Klar, es gibt sie auch, die Wiesn-Hasser. Für sie ist das Oktoberfest bloß Gerempel, Geschubse, Abzocke. Bei den Stoßzeiten kann ich, was Gerempel und Geschubse angeht, definitiv zustimmen. Da strömen keine Massen, da wälzt sich eine Hammelherde voran. Und zwar nicht in geschlossener Formation: Ständig schert einer aus, um hier eine Tüte gebrannte Mandeln zu erstehen oder dort einen Leberkäs. Die Touristen versuchen wider besseres Wissen ihr Glück im Hofbräuhaus-Zelt, weil's am bekanntesten ist; andere folgen blind ihrer Nase, die gegrillte Hendl oder Steckerlfisch erschnuppert hat, oder schlängeln sich durch die Nebengassen zu den Fahrgeschäften durch. Das erzeugt Unmut, da werden die Ellenbogen ausgefahren, den Introvertierten bricht der Schweiß aus. In Neuseeland werden die Herden mit Hubschraubern vorangetrieben, mit den Wiesn-Besuchern darf man das nicht.

Es gibt Tage, da wird das Chaos geboren, um fortan zu herrschen. Da muss man schon ein Hardliner sein, um sich noch rundum wohlzufühlen. Und ja, auch ich habe schon gedacht und sogar gesagt: »Den Scheiß mach i nimma mit, des werd mei letzte Wiesn!« Solche Anwandlungen vergesse ich allerdings schnell wieder, sämtliche Kapazitäten meines Gedächtnisses gehen für die Bestellungen und Namenswiederfindungen meiner Gäste drauf.

Seit über 30 Jahren arbeite ich jetzt als Wiesn-Bedienung. Gelernt hab ich vieles von meiner Mama, die hauptberuflich Bedienung war. Apropos die Mama ... Als ich ihr erzählt habe, dass ich ein Buch schreibe, meinte sie bloß: »Du spinnst ja völlig. Was host'n do wieda ogstellt. Oans sag i da glei: I woaß nix mehr. Falls dia die G'schichten ausgenga und du mi frag'n mogst. Gar nix woaß i mehr.« So ist sie, die Mama, immer ein freundliches Granteln für ihre Mitmenschen parat. Dabei war sie es ja, die mit dafür gesorgt hat, dass die Wiesn eine feste Größe in meinem Leben wurde. Zum Glück!

Das Oktoberfest ist für mich der totale Wohlfühlort. Die Wiesn und ich – das kommt mehr einer Liebeserklärung gleich als der Beschreibung eines Ortes, an dem man Schwerstarbeit unter zweifelhaften Bedingungen leistet. Allein schon die Stimmung unter uns Bedienungen, die Gemütlichkeit, das Lachen, bis die Bäuche wehtun. Und dann der Duft: am ersten Tag noch nach frisch gezapftem Bier, nach Lebkuchenherzen und Zuckerwatte, nach Hendln, den Zwiebeln von der Steaksemmel. Klar, der Duft wandelt sich zum Geruch, von Tag zu Tag atmet man definitiv flacher. Und trotzdem freu ich mich unbändig, jedes Mal aufs Neue dort aufzuschlagen und die unvergleichliche Stimmung in mich aufzusaugen.

Ob es jetzt am extra fürs Oktoberfest gebrauten Bier liegt oder an der Sonne, die einem aufs Hirn scheint: Die Wiesn kann auch regelrecht poetisch machen. Wie pflegt mein Mann zu sagen?

»Du gehst mittags raus auf die Wiesn, die Sonne scheint, ein paar weiße Wölkchen sind am blauen Himmel zu sehen. Ein leichter Wind weht, ein bisserl frisch vielleicht, es ist ja schon Herbst. Du setzt dich an deinen Platz im Biergarten, vor dir der Tisch mit seiner altvertrauten Oberfläche, orangebraun lackiert, leicht abgeblättert. Und dann siehst du sie kommen, deine erste Maß. Das Glas ist außen kalt und beschlagen, der Inhalt goldgelb, leicht perlend. Die Schaumkrone läuft am Rand ganz leicht über, ein kleines Rinnsal tropft herab. Und dann fasst du mit deinen Händen das Glas, spürst die Kühle des Maßkrugs, sein Gewicht. Du setzt ihn an die Lippen, neigst Krug und Kopf, und runter geht der erste Schluck, rinnt die Kehle hinab: Ahhh! Wohliger Biergeschmack füllt deinen Mund, kräftig, leicht bitter, malziger als sonst und unglaublich erfrischend. Du setzt den Krug wieder ab, wischst dir den Schaum von den Lippen und schaust dich um. Die Leute um dich herum sind glücklich, lachen. Alles passt. Das ist die Wiesn. Das ist Glück.«

Wo Menschen zusammenkommen und ausgelassen feiern, gibt's eine Menge zu erzählen. So manche Story fällt definitiv unter das ungeschriebene Gesetz: »What happens auf der Wiesn, stays auf der Wiesn.« Oder wie die Mama sagt: »Du kannst doch ned ois erzähln, des geht doch ned.« Logisch. Wohin welche Hände sich unterm Biertisch verirren, welcher Promi mal wieder untern Tisch kotzt und welcher Star mit wem in der Gasse hinterm Zelt verschwindet, das ist Privatsache. Viel spannender sind sowieso all die skurrilen Erlebnisse, die es so nur auf der Wiesn gibt: dort, wo bayerische Gemütlichkeit auf den Rest der Welt trifft, wo die Leute komplett aus sich herausgehen, im Rudel singen, tanzen, philosophieren, Freundschaft für einen Abend oder das ganze Leben schließen. Und genau davon handelt dieses Buch. Vom schönsten und vom schlimmsten Tag. Von den Wiesn-Besessenen, wie zum Beispiel dem Stammgast, der extra einen Ingenieur beauftragte, ihm ein Minizelt zu konstruieren. Warum? Damit er auch bei Regen gut geschützt draußen bei uns im Biergarten sitzen konnte. Vom Gast, der Finderlohn für seine Frau zahlen wollte. Von Heiratsanträgen auf Neuseeländisch, Glubberl-Geheimcodes und verlorenen Bedienungen, von Gästen, die Bodyguards werden, von Verkuppeleien und vielem mehr.

Also:

Kemmt's rei, setzt euch hi, trinkt's a Maß und lest's die G'schichten, die außer uns Bedienungen koana erlebt!

Bayerisch für Anfänger

Denn auch Preußen möchten sich ja mit der Wiesn identifizieren können ...

An Guadn: Freundlicher Wunsch der Bedienung an den Gast, sich die servierte Mahlzeit trotz des massiv überhöhten Fett- und Salzanteils schmecken zu lassen, es könnte ja die letzte sein

A Ruah gem: Aufforderung, sich zu beruhigen, die Stimme zu senken und lautliche Unmutsäußerungen einzustellen

A so a Schmarrn: In diesem Punkt erlaube ich mir, anderer Meinung zu sein.

Auf geht's: Kurz für: Achtung, jetzt rutsch ma a bisserl zam. Zu Deutsch: Da noch weitere zwei bis 17 Gäste auf der beengten Bank Platz finden möchten, bitte ich Sie darum, sich noch ein wenig enger zusammenzusetzen.

Äha: Basiswort der Mama für: wie bitte, alles klar; steht auch für: ein wenig verdutzt sein, sich nicht beeindrucken lassen

Batzerl: ein klein wenig; nicht zu verwechseln mit Batzen und schon gar nicht mit Bratzen

Brezn: Breze, Breze, auf der Wiesn nur in XXL-Format erhältlich, soll ja zur Maß passen

Diridari: Geld. Man beachte: Geld macht nicht glücklich. Außer, d' kaufst von deinem Diridari Bier bei mir.

Glubberl: Wäscheklammer, kunstvoll beschriftet mit Namen, Telefonnummern, Codes

Hendl: Gallus gallus domesticus, kurz: totes Huhn, am Spieß gebraten und halbiert

Hihogga: höfliche Aufforderung, Platz zu nehmen. Gern in der Wendung: Hogg di hi, sonst gibt's koa Bier!

Hosnbon langziang: Schläge auf das Gesäß verabreichen

Ja mei: philosophisch; Ausdruck des Sichabfindens mit Dingen, die man definitiv nicht ändern kann

Maß: ein Liter Bier. Üblicherweise als Pluralwort und in Verbindung mit Zahlwörtern wie zwoa, drei, viere ...

Noargerl: der letzte Schluck im Bierkrug

Noargerlzuzler: Gast, der Stunden damit zubringt, am Noargerl rumzuzuzeln, um ja keine neue Maß bestellen zu müssen oder aber die Reste zusammenschüttet, um sie zu trinken

Obacht: Achtung! Kurz für: auf'd Seitn, aus dem Weg, schleich di

O'zapft is!: Der Anstich des Bierfasses wurde erfolgreich vollzogen.

Semme: Semmel, Brötchen, Rundstück

Servus: Grußwort für Hallo, Guten Morgen/Abend/Tag, Grüß Gott, Auf Wiedersehen, Lebe wohl, Einen schönen Morgen/Abend/Tag noch. Typische Wendung: Servus mitanand! – Hallo zusammen! Nicht zu verwechseln mit: Ja servus! – So ein Scheiß.

Strawanzen: zu frei habender Zeit flanieren, ein wenig spazieren, irrlichtern

Mit diesen Basics dürfte es leichtfallen, auch den folgenden Satz zu verstehen:

Äha, da hams wieder de Noargerlzuzler gfundn, direkt nach'm O'zapfa hihogga und nimma aufstehn woin!

Kapitel 1

Die Wiesn-DNA

Die Wiesn – eine Liebeserklärung

Während andere Leute in ihrem Urlaub in die Berge oder ans Meer wollen, mal so richtig chillen, Wellness machen, kurz: sich erholen …

… sich nicht gerade drum reißen, schon früh am Morgen mit dem Wasserschieber kraftvoll die Patina aus Bier und diversen Körperflüssigkeiten von Tischen abzuziehen …

… und generell lieber einen Bogen machen um irrlichternde Massen, um Wildpinkler, Kotzende und Hendlhutträger –

… gibt es diejenigen, die laut »Ich!« rufen und sich förmlich drum reißen, den halben Jahresurlaub gegen Arbeit einzutauschen und binnen 16 Tagen mit den Kolleginnen und Kollegen geschätzte sieben Millionen Maß durch die Mengen zu hieven.

Natürlich arbeiten manche vor allem wegen des Zuverdienstes auf dem Oktoberfest. Die in den Medien gern erwähnten zehn- bis 15 000 Euro plus habe ich persönlich noch nie gesehen, und ganz ehrlich: Darum geht's mir auch nicht. Wie die meisten von uns sitze ich das Jahr über ganz normal im Büro, mit dem kleinen Zusatz im Vertrag, dass ich ganz dringend immer zur Wiesn-Zeit Urlaub brauche.

Für mich gibt es kaum etwas Schöneres, als Jahr für Jahr wieder dabei zu sein. Warum?

Weil es mordsmäßig Spaß macht.

Weil ich nirgends sonst einfach so sein kann, wie ich bin: direkt, ungefiltert, auch mal laut und durchaus frech.

Weil ich Seiten an mir entdecke, die sonst brav den Schlaf des Gerechten schlafen würden.

Weil ich mich so frei fühle auf der Wiesn und mich in dieses unvergleichliche Chaos stürzen kann, das so gar nichts mit dem des Alltags gemein hat.

Weil ich Jahr für Jahr Menschen wiedersehe, die mir ans Herz gewachsen sind.

Weil die Wiesn für mich nicht bloß die fünfte Jahreszeit ist, sondern eben die Zeit mit meiner Wiesn-Familie, die untrennbar zu mir gehört: Verwandte und auch Freunde, die ich auf der Wiesn kennengelernt habe und die ich im Leben nicht missen möchte.

Ursachenforschung

Lange Zeit hat man vom Wiesn-Virus gesprochen, so im Stil von: »Mei, gehst scho wieda auf d'Wiesn heit, warst doch scho gestern da und vorgestern a, da hat dich wohl das Wiesn-Virus dawischt.«

Aber seit Corona, als ein Virus gleich zwei Wiesn ausgeknockt hat, mögen wir das Wort gar nicht mehr. Und überhaupt, Wiesn-Virus, das sind ja eher die Infekte, die da grassieren und sich aufgrund extremer räumlicher Nähe rasend schnell ausbreiten. Nein, ein Virus, das überwindet man in der Regel wieder, das lässt man hinter sich, man baut sogar Abwehrkräfte dagegen auf. Ganz anders mit der Wiesn. Das reicht weit tiefer, bis in die einzelnen Zellen, ach, was sag ich, bis ins Erbgut hinein.

Ja, es gibt sie tatsächlich, die Wiesn-DNA. Vielleicht existieren noch keine wissenschaftlichen Studien dazu. Aber unter unseren Stammgästen sind auch Ärzte, die würden das mit der DNA gewiss bestätigen, so nach der dritten bis siebten Maß.

Wie anders sollte man sich auch sonst erklären, dass man derart besessen ist? 16 Tage harte körperliche Arbeit von neun bis 23 Uhr, an den Wochenenden noch länger, das muss man erst mal stemmen. Apropos stemmen, da war doch noch was. Ach ja, der volle Maßkrug mit seinen rund 2,3 Kilo.

Die Wiesn-DNA befähigt einen nicht bloß, sich gleich zehn bis 14 Maß auf einmal zu schnappen und das mit einem breiten Grinsen durchzustehen – sie sorgt auch dafür, dass man alles tut, um im nächsten Jahr wieder mit dabei zu sein. Im Grunde lässt sie einem gar keine Wahl, sie zwingt einen förmlich dazu, sein Leben nach der Wiesn auszurichten. Und das betrifft nicht nur uns Bedienungen, sondern auch so manche Wiesn-Besucher. Was erzählte mir mal einer meiner Gäste?

»Stell dir vor«, sagte er, die Hand fest um den Henkel seiner Maß gelegt. »Mein Neffe, der wollt heiraten. Am ersten Wiesn-Samstag!« Noch immer fassungslos schüttelte er den Kopf. »Ganz ehrlich? ›Des geht ned, des kannst ned machan‹, hab ich ihm gesagt. ›Des geht wirklich ned. Klar kannst heiraten, du kannst machen, was d' wuist. Aber i bin da ned dabei, des sag i da glei. Des is der erste Wiesn-Samstag, da geh i naus. Da kimm i definitiv ned zu deina Hochzeit. Da kannst machen, was d' wuist, aber da bin i ned dabei.‹«

Das Ende vom Lied? Der Neffe hat's eingesehen und die Hochzeit um drei Wochen nach hinten verschoben.

Klarer Fall von Wiesn-DNA.

Unsere Gäste – das Herz der Wiesn

Unsere Gäste – ich liebe sie. Es gibt doch kaum etwas Schöneres, als sie zu beobachten.

Von Anfang an hat mich fasziniert, wie unterschiedlich die Menschen sind, die auf der Wiesn aufschlagen. Da sind die, die alleine kommen, bei einer kühlen Maß Zeitung lesen und einfach ihre Ruhe haben wollen. Dann gibt es diejenigen, die Kontakt suchen, offen auf ihre Banknachbarn zugehen, mit Händen und Füßen mögliche Sprachbarrieren überwinden und sich einfach eine gute Zeit machen. Es gibt die Nachdenklichen, die Philosophen, die Grantler. Und natürlich die Wortreichen, die einem pausenlos was erzählen wollen. Letztere unterteilen sich in die, deren Geschichten man gerne hört, auch zum zweiten oder dritten Mal, und solche, die einem lauter Zeugs erzählen, das man lieber nicht hören würde. Dann gibt es die Horden – Menschengruppen, die nur in Massen einfallen. Nicht zu vergessen die Schönheitsköniginnen, irgendwo zwischen 16 und 96, das lange blondierte Haar offen und an den Füßen mörderische High Heels, mit denen sie regelmäßig im Kies des Biergartens hängen bleiben, das sieht dann weniger elegant aus. Logischerweise gibt es auch die Touristen, und zwar in Massen. Die Promis, aber die lassen wir ja außen vor. Dann die Urmünchner, die schon als kleine Knöpfe mit Mama und Papa auf der Wiesn waren und seither jedes Jahr wiederkommen. Fehlen dürfen auch nicht die Heidis und Seppls, wie sie intern genannt werden, weil sie sich in ihren China-Billigtrachten wie die Helden und ganz authentisch bayerisch fühlen. Und natürlich die echten Trachtler, die in schweren Damastdirndln und feinstem Loden daherkommen.

Alle haben sie eins gemeinsam – die Nervensägen nehmen wir jetzt mal raus: Sie wollen Spaß haben, Erinnerungen schaffen, an

Erinnerungen anknüpfen. Einige sind sporadische Oktoberfest-Gänger, lassen auch mal ein Jahr oder gar mehrere aus – eine Spezies, deren Lebensweise sich mir nicht wirklich erschließt.

Viele aber kommen Jahr für Jahr, da ist die Wiesn eine feste Größe in der Jahresplanung. Auch sie müssen ein paar ordentliche Wiesn-DNA-Schnipsel in ihren Zellen haben. Da werden schon Monate vorher Urlaube beantragt, da wird Wiesn-Geld gespart, Tische werden reserviert, Familien-, ja, Lebensevents wie Verlobungen, Hochzeiten, Flitterwochen nach dem Wiesn-Kalender gelegt. Manche heiraten gleich ganz auf der Wiesn und mieten eine Box für ihre Gäste. Das ist dann auch praktisch mit dem Hochzeitstag, den vergisst man nicht so leicht.

Auf der letzten Wiesn kletterte doch tatsächlich einer unserer Gäste, Mitte 20, Brasilianer, von der Bank auf den Tisch. Meine Nichte, ebenfalls Wiesn-DNA-Trägerin, wollte ihn dort runterholen – Tanzen auf den Tischen ist eher was fürs Zelt, im Biergarten draußen sehen wir das nicht so gern. Allein schon der Sturz hinab! Inmitten der Massen fällt man weich, bei uns blitzt harter, gekiester Boden durch.

Jedenfalls sagte mir mein Instinkt, noch abzuwarten und ihn mal machen zu lassen. Und tatsächlich: Nachdem er es geschafft hatte, mitten auf dem Tisch auf die Knie zu gehen, wandte er sich an seine Begleitung, eine etwa gleichaltrige Französin, und machte ihr einen Heiratsantrag. Das übliche Gegröle ringsum wich gespannter Stille, und zur Freude aller Anwesenden sagte sie Ja – oder vielmehr: »Oui!«

Das hob die Stimmung bei uns im Biergarten gleich noch mehr. Die Leute stießen unter großem Hallo mit dem Pärchen an, gratulierten, ließen sie hochleben.

Die beiden waren so was von verliebt. Sie waren sich irgendwo auf der Welt bei Work & Travel begegnet und dann zusammen weitergereist. München und das Oktoberfest sollten die letzte Station ihrer Reise werden – und der Schritt in ein neues Leben.

Das hatte schon seine ganz eigene Romantik, das Teilen eines besonderen Events im Leben mit lauter Fremden, die im nächsten Augenblick zu Freunden wurden.

All diese Momente summieren sich, wenn man Jahr für Jahr auf der Wiesn arbeitet. DNA hin oder her – da ist es doch gar keine Frage, dass man wiederkommen will.

In den über 30 Jahren, die ich dabei bin, habe ich nur zweimal gefehlt. Das eine Mal war mein Sohn gerade zwei Monate alt. Alles war organisiert: Mein Mann hatte sich Urlaub genommen, die Milch war abgepumpt, Kontakte für den Notfall akquiriert und säuberlich aufgelistet. Doch eines Abends kurz vor der Wiesn saß ich da, schaute mir den Zwerg an und heulte bittere Tränen. Da war mir klar: Ich schaff's nicht, ihn zwei Wochen lang nur nachts zu sehen. Also sagte ich ab.

Und das andere Mal? Erzähle ich später. An dieser Stelle nur so viel: Krücken und Bedienen vertragen sich nicht, auch wenn man es noch so sehr will.

Beruf oder Berufung?

An eine Wiesn-Bedienung werden natürlich gewisse Anforderungen gestellt. Einige können antrainiert werden, bei anderen aber, da landen wir dann wieder bei der Wiesn-DNA.

Zuallererst braucht man Hände und Füße – nicht nur zum Stemmen und Rumrennen, sondern auch, um sich mit den Gästen verständigen zu können. Zum einen liegt es an der herrschenden Lautstärke, irgendwann wird jeder heiser, wenn er bloß schreit. Zum anderen kommen die Wiesn-Besucher aus den hintersten Ecken der Welt, nicht jeder spricht fließend Englisch, ich selbst auch nur bedingt. Und das Bayerische kann sogar für die Nordlichter – die Preußen – eine Herausforderung darstellen. Kurz: Sprachgenies tun sich definitiv leichter als Bedienung. Wir alle haben ein ordentliches Bayerisch-Englisch drauf, kurz: Benglisch, dazu Bitaliano, Bolländisch …

Notfalls nimmt man auch mal den Block zur Hand und kritzelt drauf rum, wie meine Schwester, die mal strahlend zu mir kam und rief: »Ha, ich kann Russisch.« Nachdem sie mit ihrem vorzüglichen Englisch nicht weitergekommen war, hatte sie eine Brezn gezeichnet und prompt das russische Wort dafür gelernt: Крендель.

Spannend wird es, wenn die technikaffinen Gäste aus Fernost ihre kleinen Translatoren zücken – faszinierendes Spielzeug und eigentlich eine gute Idee. Eigentlich, denn die Wiesn hat ihre eigenen Regeln. Die besseren Modelle funktionieren über Sprachsteuerung, was bei den Backgroundgeräuschen à la Turm von Babel eher mäßig funktioniert. Die gängigen Plastikdinger wiederum verlangen, dass man eintippt und liest. Und wenn man dann tatsächlich die Brille gezückt hat, die Worte entziffern kann und mit etwas Fantasie ergänzt, kommen Speisen raus wie: Weißwurst mit Sauerkraut. Äha! Falsche Zeit und Location, kann ich da nur sagen, die gibt's in der Kombi vielleicht auf irgendeinem Weihnachtsmarkt, aber definitiv nicht bei uns.

Zum Thema Rumrennen: Immer wieder spannend sind die Schritte, die man so sammelt. Mein Neffe, in einem anderen Bereich im Service tätig, haute mich eines Abends nach der Schicht an, deutete auf mein Fitbit und fragte mit der Überheblichkeit der sichtbar Jüngeren und Fitteren: »Na, Tante Margarete, wie viele Schritte hast du denn?«

»Meine Anzahl schaffst du nicht«, gab ich zurück.

»Schaun ma amoi«, meinte er und klopfte auf das Display. Das Ergebnis? Er hatte 23 000 und ich 28 000 Schritte. Das schreibe ich jetzt nicht, um anzugeben, na ja, ein kleines bisschen schon. Die Zahl richtet sich eher an alle, die Mühe mit ihren 10 000 Schritten pro Tag haben. Zugebenermaßen auch ich unterm Jahr, in meinem Büroalltag ist Sitzen angesagt. Selbst wenn mich die Familie inklusive Pferd und Katze auf Trab hält, sind die 16 Tage Wiesn doch ironmanmäßig. Und das, obwohl mein Radius auf rund 50 Quadratmeter im Biergarten beschränkt ist, wo ich bediene, mit gelegentlichen Ausflügen rein ins Bierzelt, um mich an der Essensausgabe anzustellen.

Was die Armkraft von Wiesn-Bedienungen angeht, herrschen die unglaublichsten Fantasien. Viele stellen sich vor, dass sich unter der Dirndlbluse Oberarme in Schwarzenegger-Ausmaßen verbergen. Ja, eine Maß ist ein Liter und wiegt ungefähr ein Kilo, der gläserne Bierkrug schlägt mit 1300 Gramm zu Buche. Meine übliche Runde sind sechs bis acht Krüge – wenn die Sonne scheint, der Durst groß ist und der Garten voll, schleppe ich schon mal zehn bis zwölf, aber nur, wenn ich muss. Denn jeder Gang macht schlank, ich bin schnell, mit Schuhgröße 43 ein Leichtes, und die Schänke ist zum Glück nicht weit. Wer also jetzt von mir als Walküre träumt, den muss ich enttäuschen. Definierte Arme sehen anders aus.

Das A & O ist Durchhaltevermögen. Und sonst? Nerven wie Drahtseile, innere Ruhe, die Fähigkeit, auch am berüchtigten mittleren Wochenende tiefenentspannt daherzukommen. Ferner eine Lotushaut – nicht wegen der Schönheit, sondern wegen des Abperleffekts, – Resilienz gegenüber Geräuschen über der 100-Dezibel-Marke, üblen Gerüchen und anderen Ekelauslösern, und dazu eine gut durchdachte und viel erprobte Ausrüstung vom Blasenpflaster über Schmerztabletten bis hin zu Gummihandschuhen der Marke extrareißfest. Und da wir gerade thematisch wieder mal dicht an den Ekelauslösern vorbeischrammen: Gegen Sägemehl sollte man besser nicht allergisch sein. Mit den Pferden, die traditionell ja auch zur Wiesn dazugehören, hat das wenig zu tun, dafür umso mehr mit menschlichen Körperflüssigkeiten.

Definitiv gefragt ist auch eine gute Portion Menschenkenntnis: spätestens dann nämlich, wenn man die Gäste platzieren soll. Da braucht man schon einen Blick für die Stimmung der Leute und ihre Erwartungen. Wagt man es und setzt den Grantler neben die Familie mit den drei kleinen Kindern? Die Schönheitskönigin neben den Einzelgänger mit seiner Zeitung? Die Geschichtenerzähler zwischen die Horden?

Regeln gibt es keine, schon die seltsamsten Kombinationen haben die besten Ergebnisse gezeigt. Ich verlass mich da auf mein Bauchgefühl. Wenn's gut läuft, amüsieren sich die Gäste, verabreden sich fürs nächste Jahr, tauschen Nummern aus, und hin und wieder funkt's auch zwischen zwei Leuten.

Hab ich's oder hab ich's nicht?

Woran aber erkennt man nun, dass jemand die Wiesn-DNA in sich trägt?

Ich persönlich glaube ja, es ist der Blick, der einen verrät: schwärmerisch, etwas verhangen, dabei leuchtend, und all das schon vor dem ersten Bier – sei es, dass man es genießt oder eben serviert.

Wer es testen will, braucht im Grunde keinen Doktor. Der geht einfach an einem sonnigen Wochenende zur Stoßzeit auf die Wiesn und lässt sich mit der Herde durch die Gassen schieben. Wenn die

Zelte und Biergärten brechend voll sind, der vorherrschende Geruch nach Wiesn-Bier und Zuckerwatte eine deutlich abgestandene Note mit einem Hauch Schweißgeruch enthält, die Bedienung mal wieder so lange braucht (hüstel), dass der Schaum auf der ersehnten Maß schon in sich zusammenfällt – und wenn dann immer noch das Wohlgefühl überwiegt, dann würde ich sagen:

Ja, g'wiss!

Apropos Stoßzeiten: Alteingesessene Wiesn-Gänger haben es im Blut, an welchen Tagen und zu welchen Zeiten das Festgelände sich füllt, wann es noch Chancen auf einen Platz im Bierzelt oder Biergarten gibt und wann das große Drängen und Schieben einsetzt. Für alle anderen gibt es inzwischen das sogenannte Wiesn-Barometer: eine Prognose, die auf Erfahrungswerten aus vergangenen Jahren beruht.

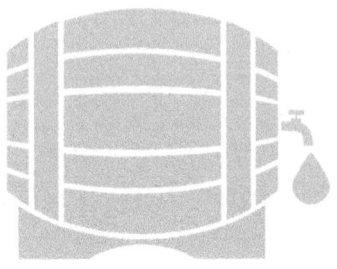

Wiesn-Barometer

Bei rund sechs Millionen Gästen auf 16 Tage kann es eng werden. Starkzeiten herrschen insbesondere am Tag des Anstichs, am mittleren Wochenende und am Feiertag, dem 3. Oktober.

Unter der Woche von zehn bis 15 Uhr steht das Wiesn-Barometer auf Grün – hier sind die Chancen am besten, sich eine gemütliche Zeit zu machen und sich im Zelt wie außerhalb noch relativ frei bewegen zu können. Wobei der Wettergott da auch noch mitzureden hat.

Das Wiesn-Barometer im Netz:
www.oktoberfest.de/informationen/service-fuer-besucher/die-beste-zeit-fuers-oktoberfest-das-oktoberfest-barometer

Für alle, die spontan auf die Wiesn wollen: Lokale Radiosender, Wiesn-TV und Webcams zeigen, wie weit der ganze normale Wiesn-Wahnsinn aktuell gediehen ist.

Ein weiteres Symptom für die Wiesn-DNA? Das Kreisen der Gedanken ums Oktoberfest in den 50 Wochen ohne. Da wird's Diridari gespart, das Charivari gehütet und geputzt, bis es blinkt (für Nichtbayern: Ersteres ist Geld, Letzteres der Schmuck an der

Lederhose). Den Wiesn-Countdown hat man im Blut, den muss man nicht auf einer Webseite oder App ablesen. Ständig liegt man Freunden im Ohr mit seiner Sehnsucht. Und auch wenn man die Geschichten von der letzten Wiesn zum hundertsten Mal erzählt, kriegt man noch leuchtende Augen. Derart beseelt habe ich als Kind geschaut, wenn ich ein Türchen vom Schokoladen-Adventskalender öffnen durfte. Das war noch, bevor meine Wiesn-DNA aktiviert wurde.

Aber wie konnte es überhaupt so weit kommen?

Wie ich gelandet bin, wo ich gelandet bin

Wir schreiben das Jahr 1977, die kleine Maggy: gerade mal sechs Jahre alt.

Meine Familie lebte damals in Gernlinden, einem Dorf rund 30 Kilometer nordwestlich von München. Eine kleine Sensation war die S-Bahn-Anbindung an die Landeshauptstadt. Zu besagter S-Bahn begleitete ich während des Oktoberfests immer morgens meine Tante Hilde, die große Schwester meiner Mama. Am Kindergarten und der Schule vorbei liefen wir Richtung Kirche und machten in der Bäckerei halt, wo wir frische Semmeln und Brezn holten.

Der Morgen vor dem letzten Wiesn-Samstag erwies sich als schicksalsweisend. Da gab mir die Tante nämlich ein Fünfmarkstück und meinte: »Da, das ist für dich. Das darfst auf der Wiesn ausgeben.«

Mit großen Augen sah ich sie an. Fünf Mark, das war der Wahnsinn. So viel Geld!

»Unglaublich«, murmelte ich. »Danke schön! Danke!« Ich konnte es wirklich kaum fassen.

Zu Hause angekommen, beschloss ich, dass ich auch irgendwann mal auf die Wiesn zum Arbeiten gehen würde. Wenn man einfach so fünf Mark verschenken konnte, dann musste man dort ja einen ganzen Batzen Geld verdienen!

Tante Hilde war die Erste in der Familie, die zum Arbeiten auf die Wiesn ging. Sie war eigentlich gelernte Schneiderin – bis die noch schlummernde Wiesn-DNA erwachte und ihren Tribut forderte.

Was folgte, war eine ganz Dynastie von Bedienungen – meine Wiesn-Family, über die ich auch noch erzählen werde. Aber erst einmal – da glühn ma mitnand a bisserl vor!

Der ultimative
Wiesn-DNA-Test®

Wissenschaftlich unhaltbar,
nicht autorisiert und absolut sinnfrei

Neugierig geworden? Mit diesem weltweit einzigen
Wiesn-DNA-Test kannst du die Einzigartigkeit deines
Erbguts ganz einfach selbst bestimmen. Dafür bloß die
passenden Antworten ankreuzen.

Der Test

1. Der Wettergott macht Ferien, es regnet, die Temperaturen sinken unter zehn Grad.
   a. Schee, da krieg ich einen Platz im Biergarten und
   Stimmung mach ich mit der Maggy.
   b. So ein Pech. Ich hoffe, ich kriege einen Platz
   im Zelt.
   c. Da mache ich mir's lieber zu Hause gemütlich.
   Vielleicht wird's die Tage ja besser.

**2. Eine geschlagene Viertelstunde hast du auf deine Maß
warten müssen. Endlich nähert sie sich, du spürst das
kühle Gerstengold schon fast die Kehle hinunterrinnen. Doch was ist das? Die Schaumkrone fällt in sich
zusammen, und du erkennst die bittere Wahrheit: Die
Füllmenge liegt 5 mm unterm Eichstrich.**

a. Ja mei. Das gleicht sich schon aus, irgendwann
   ab der dritten bis fünften Maß. □

b. Du bittest die Bedienung freundlich darum, auf-
   zufüllen. Bei der dritten Maß, die über dem Eichstrich befüllt wurde, weist du sie als ehrlicher
   Mensch darauf hin und forderst sie auf, das zu
   Unrecht bezogene Bier abzuschöpfen. □

c. Abzocke, ich sag's ja. Ich fordere eine neue Maß. □

**3. Du gewinnst eine zweiwöchige Reise nach Hawaii –
ausgerechnet während der Wiesn-Zeit.**

a. Hawaii ist sowieso überbewertet (Es gibt kein
   Bier auf Hawaii, drum fahr ich nicht …) ♫ □

b. Wahnsinn, ein einmaliger Gewinn!
   Ich werde am Strand liegen, die Wiesn streamen
   und bittere Tränen weinen, aber das lass ich mir
   nicht entgehen. □

c. In den USA feiern sie doch auch Oktoberfest!
   Das ist sicher nett. □

**4. Dein Urlaub zur Wiesn-Zeit wird gestrichen, du wirst
auch das Wochenende durcharbeiten müssen. Sorry,
aber es ist so.**

a. Du kündigst fristlos. So was geht gar nicht. □

b. Wie ärgerlich! Du meldest dich verschämt
   an einem Wochenende krank und hoffst, dass
   niemand von deinen Arbeitskolleginnen und
   -kollegen dich im Biergarten hocken sieht. □

c. Schade. Dann klappt's hoffentlich nächstes Jahr. □

5. Als Wiesn-Profi gehst du in Tracht. Welch Malheur, über Hemd/Bluse ergießt sich Tomatensaft, der Hund vom Nachbarn beißt deine Schuhe kaputt, für ein neues Paar fehlt das Geld. Was tust du?

a. Ich scrolle durch meine Kontaktliste, irgendwer wird schon ein gescheites Wiesn-Outfit zum Ausleihen haben.

b. Turnschuhe und ein T-Shirt tun's doch auch.

c. Ich verstehe das Problem nicht.

6. Kasperlhut, Hyperminidirndl – ja, nein?

a. Niemals. Absolutes No-Go. Niedergang der Kultur.

b. Einen Hendlhut? Niemals. Aber ein Bierkrughut ist schon witzig/ein Minidirndl schon sehr sexy …

c. Was sind denn Kasperlhüte?

7. Dein Sohn/deine Tochter wird ausgerechnet am ersten Wiesn-Samstag geboren.

a. Ordentlich pressen, Schatz, dann schaffen wir den Anstich noch.

b. Im Bierzelt ist doch bestimmt auch irgendwo eine Hebamme, wenn's losgeht.

c. Geil, wenn's a Madel wird, heißt's Tina, a Bub August.

Liebe Leut', hier gibt's keine Punkte zu holen, Kinder gehen vor, und wir wollen ja bitte schön keine Wiesn-Traumatisierten heranzüchten.

Auflösung

Alles a): Klarer Fall von Wiesn-DNA, willkommen im Club.
Überwiegend b): Hier regiert die Vernunft und widersteht möglichen Anteilen an Wiesn-DNA.
Überwiegend c): Mach dir nix draus, a bisserl was geht immer.

Kapitel 2

Vorglühen

Wenn i di ned hätt

Silvester, wenn die halbe Nation gute Vorsätze fürs neue Jahr fasst, die sowieso nicht lange währen, treibt uns Wiesn-Besessene eine ganz andere Frage um: Will man uns denn auch wirklich wieder dabeihaben?

Die Tage bis zum Anstich Mitte September sind längst gezählt, der Weihnachtsspeck will abtrainiert werden, damit das Dirndl wieder passt. (Auch so ein Vorsatz, dessen Scheitern sich an dem wachsenden Fundus in immer größeren Größen ablesen lässt …)

Früher wartete ich voller Spannung auf den Postboten, heutzutage kommt das Anschreiben der Festhalle per Mail.

Niemals sonst checke ich so häufig mein Spam-Postfach. Wenn es Mitte Januar wird, gesellt sich zu der Spannung eine gewisse Nervosität hinzu. Erste Zweifel unterwandern das selbstbewusste »Klar wolln die mich, ist doch alles super gelaufen auf der letzten Wiesn«, man beginnt sich zu hinterfragen. Vielleicht hätte ich doch nicht so frech zum Herrn Personalchef sein sollen? Vielleicht hätte ich mich auch nicht mit den Gästen auf Diskussionen bezüglich der Platzverhältnisse einlassen sollen (»Was habt's denn? Da gehn schon noch vier Mannsbilder hin!«)? Habe ich

»Doofbär«, »Saudepp«, »Arschkopf«, »Arschkopfkönig« denn auch wirklich nur gedacht oder am Ende doch mal laut ausgesprochen?

Ist Ende Januar noch immer keine Mail gekommen, wird's ernst, dann steigt der Stresslevel wie früher bei der Abschlussprüfung. Die Whatsapp-Gruppe meiner Wiesn-Familie brummt: *Habt ihr schon was gehört? – Was, immer noch nix? – Ist doch schon fast Februar, letztes Jahr haben die sich viel früher gemeldet.* Bis irgendwer es wagt, die ketzerischste aller Fragen in die Gruppe zu werfen: *Was, wenn die uns nimmer wollen ...*

Dann aber, endlich!, plingt es im Mail-Postfach, und da ist es, das erste Anschreiben.

Betreff: 1. Wiesn-Abfrage

Es ist wieder so weit!

Liebe Mitarbeiter/innen,
gerne würden wir Sie auch dieses Jahr wieder im Team begrüßen dürfen und bitten um Rückmeldung, ob wir auf Sie zählen können.

Eigentlich könnten sie sich die Frage aller Fragen sparen, alles in mir schreit längst Ja! Ich bin aufgeregt wie Schmidts Katze, mein Pulszähler meldet Höchstwerte.

Im nächsten Moment trudeln die Nachrichten in der Whatsapp-Gruppe ein. *Ich hab Post. – Die Anfragen sind da. – Habt ihr schon zurückgeschrieben?* Wären wir jetzt im selben Raum, wir würden kreischen wie die Fans auf einem Konzert vom Oimara.

Eben noch ein Wunschtraum, jetzt rückt es in die Realität. Andere reden vom Film, der kurz vorm Tode vor dem inneren Auge vorbeizieht, bei mir ist es die Freude auf die Wiesn, die lauter Bilder vergangener Erlebnisse heraufbeschwört. Ach, Wiesn, wenn i di ned hätt … Frühstücken morgens in liebster Runde. Die Familie wiedersehen, unseren Chef Uwe, Herz und Seele des Personals. Die anderen Bedienungen. Neue Leute, die Schankkellner. Die Stammgäste! Ganz kurz zwickt der Fuß, erinnert dran, dass er als Hauptleidtragender vielleicht auch gefragt werden will. Aber ich bin eine große Frau, die Entfernung nach da unten ist weit, und wer hört schon auf die Füße, wenn die Wiesn winkt.

Eigentlich verrückt, denke ich mir. Keine Traumreise, kein Geschenk, nichts könnte schöner sein, als wieder dabei sein zu dürfen. Meiner Wiesn-Familie geht's genauso. Wir sind schon etwas Spezielles. Die Aussicht, wieder 16 gemeinsame Tage zu verbringen, macht uns einfach happy. Das lässt sich nicht vergleichen mit einem gewöhnlichen Urlaub mit Verwandten und besten Freunden. Es hat mehr etwas von einem Survival-Trip in der Intensivvariante, dazu mit jeder Menge Spaß, Quatsch, Gelächter, und all das, während man den Gästen einen schönen Tag beschert.

Ob unsere Gäste spüren, wie wir uns schon Monate vor der Wiesn auf sie freuen? Wie viel Spaß wir untereinander und mit ihnen haben? Ich bin mir sicher, sie ahnen es. Zumindest bis zur dritten Maß. Danach wird's schwummrig im Kopf, alles verschwimmt in dieser riesengroßen Blase, die sich Wiesn nennt. Dann haben wir ein Auge auf unsere Leute, und der Gedanke daran treibt mir Pipi in die Augen, weil es einfach wieder so schön werden wird.

Es wird ernst

Im März kommt die hochoffizielle Einladung von der Festhalle. Jetzt ist Schluss mit lustig. Die Urlaubsbescheinigung muss vorgelegt werden, bei Studentinnen und Studenten der Immatrikulationsnachweis, letzte Änderungen an den Stammdaten werden vorgenommen.

Ein halbes Jahr noch, bis es wieder heißt: »O'zapft is!« Die Spannung steigt spürbar von Monat zu Monat. Im Sommer, wenn Zelte, Buden, Fahrgeschäfte aufgebaut werden, schlendert kaum einer von uns nicht schon mal übers Festgelände, um ein bisschen zu schauen.

Es ist eine gewaltige Logistik, die hinter dem Oktoberfest steckt. Bereits im Juli wird die Festwiese gesperrt, und es ist Zeit für den ersten Spatenstich des Wiesn-Chefs. Das Gelände vor der Bavaria gleicht jetzt einer Großbaustelle. Bagger, Gabelstapler, Lastwagen bestimmen das Bild. Container werden herbeigeschafft und abgeladen, Gerüste aufgebaut. Man könnte meinen, hier entsteht eine neue Siedlung. Wären da nicht die unverwechselbaren Teile der Deko: überdimensionale Bierhumpen, Türme, die Mammutwerbung und vieles mehr. Der weltbekannte Löwe vom Löwenbräu-Zelt hat es besonders eilig und thront meist schon Mitte Juli über dem Ganzen, während ungezählte Bohlen zusammengezimmert werden und die Bierzelte langsam, aber sicher Gestalt annehmen. In der Woche darauf werden sie schon verkleidet, kriegen Dächer und Wände.

Das ist dann der Punkt, an dem mich nichts mehr hält und ich einfach schauen gehen muss: nach »meinem« Zelt, »meinem Biergarten«, der in diesem frühen Stadium eher einer Geröllwüste gleicht, auch wenn mir der Anblick sogleich Tränen der Rührung in die Augen treibt.

Wer jetzt an meinem Geisteszustand zweifelt, sollte a) wissen, dass regelmäßig Baustellenführungen übers Oktoberfest angeboten werden, die so fix ausgebucht sind, dass man's kaum glauben kann, und b) sollte er mich erst mal sehen, wenn die Bohlen verlegt, die Bänke geliefert werden und mein Gartenbereich eingerichtet wird. Ich sag nur: Haltet die Taschentücher bereit für die liebe Margarete!

Doch bis es so weit ist, gibt es noch einiges zu tun. Gut, dass ich ein ganzes Stück außerhalb der Stadt wohne, sonst würde ich den Aufbau vermutlich täglich überwachen, um mich zu vergewissern, ob auch alles passt. Ob der Turm vom Augustiner-Zelt schon steht, das historische Holzfasslager mit dem Wappen von 1328. Ob die Fanfarenbläser im Eingangsbereich aufgestellt wurden. Ob die grünen Girlanden, die Fahnen und die Lüster hängen und natürlich die Bühne für die Musik aufgebaut ist. So viele liebevolle Details werden Jahr für Jahr montiert. Minilederhosen, Minibrezn, Minilebkuchenherzen unter den Hopfengirlanden, das winzige Schaukelpferd auf dem Brett mit dem Spruch: *Magst a Busserl ...* Auch wenn viele Gäste sie nicht mal bemerken und sie anderen erst dann auffallen, wenn sie fehlen: Sie alle machen das Gesamtbild aus und füllen das Festzelt mit Erinnerungen an vergangene Zeiten.

Und dann der Biergarten ... Hängt die traditionelle Werbung vom Augustiner schon? Gibt's dieses Jahr vielleicht Heizstrahler für die kühleren Abende, oder pack ich mir lieber wieder meine Polarjacke ein? Stehen die Sonnenschirme? Haben sie die Personalschränke auch nicht vergessen, wo wir unsere Rucksäcke und Survival-Kits lagern? Steht der Schanktisch wie letztes Jahr, oder muss das Zellgedächtnis neu programmiert werden? Der Körper erinnert sich nämlich genau: Hier die Ecke, an der man sich den Hüftknochen anhaut, dort die Stolperbohle, sieben Schritte nach links, fünf geradeaus bis Tisch eins, dasselbe zurück zur rettenden Schänke ...

Und überhaupt, die Biertische: Sind es heuer neue oder alte? Man glaubt nicht, welche Erinnerungen so ein Tisch lostreten kann: an Freundschaften, die geschmiedet wurden, an tiefe Gespräche, den größten Schmarrn ... Leben pur.

Letzte Vorbereitungen

Im August, wenn der Arbeitsvertrag kommt, nehmen meine Vorbereitungen so langsam Fahrt auf.

Da wäre die Einkaufsliste, die sich mit den Jahren und so mancher Erfahrung perfektioniert hat:

WICK MediNait: zum besseren Durchschlafen

Halstabletten und -guddi: gegen die Heiserkeit, weil man ja mehr schreit als redet

Großpackung Schmerztabletten: selbsterklärend

Blasenpflaster in diversen Größen und Ausführungen: ebenfalls selbsterklärend, und so mancher Gast freut sich auch

Meditonsin: wird vorbeugend schon 14 Tage vorab genommen

Magnesium: in der Hoffnung, dass der Muskelkater sich nach dem ersten Tag in Grenzen hält

Heiße Zitrone oder Holunder: für kalte Tage

Franzbranntwein gegen Verspannungen, Zerrungen & Co.

Kaffeekapseln: für die eigene Kaffeemaschine, will ja nix sagen, aber eigentlich auch selbsterklärend

Teaballs und andere Geschmackszutaten fürs Wasser: weil es einem sonst irgendwann zu den Ohren rauskommt

Kleine Colas zum Muntermachen

Kalter Kaffee, trinkfertig im Becher

Und natürlich:
Putzlumpen und
Einmalhandschuhe in extrareißfest

Nicht vergessen:
Besuch bei Tierarzt für die Pferdesalbe, wir haben ja eine Rossnatur

Natürlich werden auch die lieben Kolleginnen und Kollegen sowie die Wiesn-Familie mit kleinen Extras bedacht. Mal ist es eine Schlafbrille, dann Pads gegen Augenringe. Mal ist es ein kleiner Taschenrechner oder auch ein selbst gemachter Anhänger für die Kette, immer jedoch der sagenumwobene, handgefertigte Spicker mit den diesjährigen Preisen, schön laminiert und klein genug, damit er in den Geldbeutel passt.

Vorglühen für Gäste

Auch für unsere Gäste wird es langsam, aber sicher ernst. Hotelzimmer bucht man meist schon Jahre, mindestens aber Monate im Voraus, ansonsten sind die Preise so hoch, dass man damit liebäugeln könnte, eine eigene Pension zu kaufen.

Kurzentschlossene sollten sich trotzdem nicht abschrecken lassen, im weiteren S-Bahn-Bereich gibt's doch noch hin und wieder Möglichkeiten. Allerdings werden Menschen erfinderisch, wenn's ums Geldverdienen geht. Und so manche »urige Unterkunft zur Wiesn-Zeit« gleicht dann eher einem Stall mit Regentonne.

Vorsicht wegen Abzocke ist geboten, wenn es um Platzreservierungen in den Festzelten geht, die über diverse Plattformen teils für Tausende von Euro angeboten werden. Völlig unnötig – wer sich rechtzeitig über die Webseiten der einzelnen Festzelte um einen

Tisch bemüht, kriegt diesen bei Verfügbarkeit zum Verzehrwert von zwei Maß Bier und einem halben Hendl pro Person (siehe Anhang). Ein Viertel der Plätze darf schon mal grundsätzlich nicht reserviert werden. Wer also früh kommt, so richtig früh, meine ich, kriegt sowieso noch einen Platz. Also vielleicht. Kommt halt drauf an. Schaun ma moi, wie der Bayer sagt.

Im Biergarten wird gar nicht reserviert, wer kommt, der kommt, man rückt zusammen, stapelt sich. Kein Stress! Apropos: Wer nach der Maggy fragt und sich einen Platz im Zelt erhofft, den muss ich leider enttäuschen. Ich bring das Bier, ich hab keine Tische im Angebot.

Vorglühen für Profigäste

Zu meinen Stammgästen gehören selbstverständlich die sogenannten Heimkinder mit dazu. Kinder, weil sie die ewig Junggebliebenen sind, Heim, weil die ganze Truppe auf dieselbe Schule ging, teils internats-, teils tagesschulmäßig. Erfreulicherweise haben sie alle durch die Bank Wiesn-DNA-Anteile, was sich jährlich in der wachsenden Ungeduld bezüglich des Beginns vom Oktoberfest zeigt. Manche würden's krankhaft nennen, andere, nämlich Freunde von Freunden von Freunden der Heimkinder, beschlossen, Abhilfe zu schaffen, und druckten im Advents-Style mit 24 Türchen einen echten Wiesn-Kalender.

Der Bezug zum Advent liegt nahe, weist das Wort doch auf die Ankunft des Erlösers hin und bezeichnet insgesamt eine freudige Vorbereitungszeit voller guter Erwartungen. Jetzt steckte hinter den Türchen aber keine Schokolade, sondern viel nützlicher, kleine Todos, um sich standesgemäß auf die Wiesn vorzubereiten und die quälend lange Zeit bis zum Anstich zu überbrücken.

Fensterl konnte ich hier keine einbauen, aber die einzelnen Punkte sind dafür eigens auf Tauglichkeit und Notwendigkeit überprüft worden.

Der Wiesn-Adventskalender

1. Dirndlbluse oder Hemd waschen
2. Dirndlbluse oder Hemd bügeln
3. Haferlschuhe hervorholen und putzen
4. Dirndl oder Lederhose anprobieren
5. Dirndl oder Lederhose auslüften. Wenn was ned passt, was Neues kaufn.
6. Diridari hoin: Damit ist Geld gemeint, man kann nicht überall mit Karte zahlen
7. Schaun, ob man noch Markerl (Gutscheine) irgendwo abstauben kann
8. Noch amoi zum Schädelgärtner gehen
9. Hut rausholen und entstauben
10. Regenschirm und sonstiges Equipment besorgen, falls der Wettergott in den Ferien ist
11. Sonnencreme kaufn und herrichten, damit man sie ned vergisst
12. Bisserl im Lieblingsbiergarten trainieren, um den Körper an die Wiesn-Anforderungen zu gewöhnen
13. U & S- Bahn-Karte kaufen
14. U & S- Bahn-Fahrplan studieren

15. Taxi-App laden
16. Notrufperson finden (wer bringt mi hoam)
17. Im Getränkemarkt schaun, ob es schon ein Wiesn-Bier gibt
18. Wiesn-Bier testen und den Körper dran gewöhnen
19. Mit den Freunden Termine zum gemeinsamen Wiesn-Besuch abstimmen
20. Pflaster für die Füße kaufen, weil die Haferlschuhe drücken
21. Für die Lieblingsbedienung Blumen oder Gummibärli (aber nur die roten und grünen!) besorgen
22. Glubberl suchen und bereitlegen
23. Wiesn-Schmuck oder's Charivari herrichten, die Pins am Hut checken
24. Geschafft! Endlich heißt's wieder: O'zapft is!

Frina war ois scheena – früher war alles schöner, behaupten manche Leute ja generell. In einer Hinsicht dürften sie auf jeden Fall recht haben. Nämlich was die Zeit angeht, als die Wiesn noch nicht abgeriegelt werden musste wegen der Sicherheit. Da konnte man schon Tage vorher drüberschlendern und Vorfreude auf die kommenden zwei Wochen schüren. Einige meiner Hardliner-Gäste saßen dann auch schon am Donnerstag vorher Probe – »ansitzen« nannten sie das: mit einer oder auch zwei Flaschen Wiesn-Bier aus dem Getränkemarkt, einer mitgebrachten Brotzeit … Da wurden Nostalgiegefühle wach, Erinnerungen gewälzt, und auch das Hinterteil gewöhnte sich schon mal an die Bierbank.

Jetzt wird's bierernst

Der Donnerstag kommt, der Tag der Einschreibung. Alle Service-kräfte haben in voller Montur im Zelt zu erscheinen. Endlich heißt es, die Kolleginnen und Kollegen wiederzusehen, um die 272 Bedienungen sind es allein im Augustiner-Zelt. Nach der Ansprache vom Chef gibt's alle möglichen Einweisungen, Kasse, Küche und so weiter, dann wird das Personal eingeteilt, und Fotos werden auch noch gemacht.

Ab jetzt wird in Stunden gezählt statt in Tagen, und man kann's noch gar nicht fassen, dass es wirklich bald so weit ist. Passieren darf einem jetzt nichts mehr, wir packen uns in Watte, Extremsport-arten müssen pausieren. Nicht mal mehr die Treppe in den Keller zur Waschküche steige ich hinab. Und das hat einen guten Grund. Ich wohne während der Wiesn nämlich bei der Mama. Sie lässt es sich nicht nehmen, mir die Wäsche zu waschen, meine Blusen und Schürzen zu bügeln, und all das zum Preis von ein paar Insidern. Wobei die Mama ja bestreiten würde, dass sie neugierig ist. »Des tu ich nur, damit du ordentlich ausschaust«, behauptet sie.

Wenn der Donnerstag ins Land geht, kommt der Freitag, auch der ist so richtig vollgepackt (im wahrsten Sinne des Wortes …). Jedes Jahr das Gleiche: Würden Leute, die mich nicht kennen, mich am Tag vor der Wiesn beobachten, sie würden denken: Die Frau wandert aus, mit Sack und Pack, die verlässt Mann und Sohn.

Entsprechend voll ist mein Auto, wenn ich zur Mama umziehe. Warum ich das tue? Weil ich das jedes Jahr so mache, seit wir früher zusammen auf die Wiesn gegangen sind, und später dann sowieso. Weil es Tradition ist. Weil ein Teil der Wiesn-Familie ganz in der Nähe wohnt. Weil es von dort näher zur Wiesn ist. Vor allem aber, weil's eben die Mama ist.

Einen Teil meiner Dirndl habe ich schon in den Tagen zuvor bei ihr gelagert, zum Glück. Die ganze Wäsche, das Zeugs für die Haare, Jacken, Regensachen, Schuhe, Strümpfe, Blusen, Schürzen, Schürzen, Schürzen ... das ist ja bloß die Hardware. Dazu kommen die Einkäufe laut gesonderter Liste, die kleinen Überraschungen für die Family, ein paar Specials für die Gäste, Requisiten für den Blödsinn, den man so plant. Dann der Schmuck, die Extrataschen am Gürtel – das sogenannte Gschirr, – meine Glubberl, und, und, und ... Minimalistin bin ich keine. Aber ich habe meine Listen.

Listen sind das A & O gegen das Vergessen, wenn man 1. nichts draufzuschreiben vergisst, 2. hin und wieder einen prüfenden Blick auf die Liste wirft, während man packt, und 3. all das, was einem beim Packen noch zusätzlich einfällt und von dem man glaubt, dass man sich schon daran erinnern wird, ohne es notieren zu müssen, doch niederschreibt. Und liest. Und abhakt.

Gut, dass ich immer so früh bei der Mama bin. Statt am Abend kreuze ich spätestens gegen fünf Uhr am Nachmittag bei ihr auf, man will ja noch ratschen, ein bisschen tratschen, ich muss mich in meinem Zimmer einrichten und noch einmal checken, ob auch wirklich nichts ... Verdammt!

»Äha«, meint die Mama bloß. »Hast deinen Geldbeutel ned schon amoi vergessen ...«

»Des buidst da bloß ei«, sag ich dann, was die Mama kurz irritiert, denn das ist normalerweise ihr Spruch.

Zum Glück reicht die Zeit, noch einmal eine geschlagene Stunde im Freitagabendverkehr nach Hause zu fahren. Die neugierigen Leute, die mich nicht kennen, aber beobachten, würden vermuten, ich kehre reumütig in den Schoß der Familie zurück. Aber nein, es war bloß der pinke Wiesn-Geldbeutel, den ich tatsächlich mal wieder vergessen habe.

Wenn ich zurück bei der Mama bin, gehe ich bald ins Bett. Um vorzuschlafen, was nie glückt. Denn da ist noch jemand im Raum: die Aufregung nämlich. Aus Monaten wurden Wochen, dann Tage, und jetzt sind es nur noch wenige Stunden, bis es wieder »O'zapft is!« heißt.

Kapitel 3

O'zapft is

Das große Warten

Gegen fünf Uhr, während ich mich noch ein letztes Mal im Bett umdrehe und ein paar Extraminuten Ruhe genieße, stehen sie längst an, die Horden vorm Haupteingang. In den Anlagen vor dem Festgelände wird kampiert, mit Bier aus dem Getränkemarkt vorgeglüht, und das teils schon die ganze Nacht hindurch. Vorfreude interpretiert eben jeder Mensch anders. In Richtung Bavaria geht es eher noch gesittet zu, da sitzen, liegen, stehen die Leute in geordneten Zweierreihen. Unter ihnen erstreckt sich der Kotzhügel, der an diesem frühen Morgen noch nichts von dem Schicksal ahnt, das ihm alljährlich zugedacht wird.

Früher, als die Wiesn noch nicht in einem überdimensionalen Käfig steckte, gab's das nicht, das große Warten. Da waren unsere Gäste noch freilaufend und verteilten sich ab vier in der Früh vor den Haupteingängen der Bierzelte. Wenn aufgesperrt wurde, ging er auch schon los, der 200-Meter-Hürdenlauf. Auf der Suche nach einem nicht reservierten Tisch strömten sie durch die Gänge und sprangen über Bänke und Tische. Ich bin mir sicher, in diesen Minuten, ja, Sekunden wurden olympische Rekorde geknackt.

Für uns Bedienungen waren die Schlangen vor den Zelten damals eine Herausforderung. Im Grunde hätten wir wie die Gladiatoren beim Wagenrennen ausgerüstet werden sollen, mit Sporen an den Ellbogen und Hacken, um überhaupt an unseren Arbeitsplatz gelangen zu können. Heutzutage müssen wir nur die Hürde am Haupteingang überwinden, doch ohne Übung im Drängeln hätten wir es nie so weit gebracht. Alles halb so schlimm.

Profitipp

Wer das nächtliche Anstehen vor dem ersten Wiesn-Samstag versäumt hat, kann das jederzeit kostenfrei nachholen. Gerade an den Wochenenden scharen sich die Massen schon in aller Früh vorm Eingang zusammen.

Und schon geht er los, der erste Wiesn-Tag.

Am Abend zuvor habe ich mir meine Sachen fein säuberlich zurechtgelegt: Vom Dirndl über das Gschirr – ein Sortiment an Taschen, in die neben dem Geldbeutel und den Biermarken alles wandert, was man für den Job so braucht – bis hin zur Hardware in Gestalt von Schmerztabletten, Blasenpflastern, Lumpen und Gummihandschuhen.

Spätestens um acht müssen wir anwesend sein, Tische in Reih und Glied stellen, einmal drüberwischen – so sauber werden sie nie wieder sein. Das Besteck müssen wir auch noch richten und alles für den Service vorbereiten. Alles ganz normale Arbeiten, die wir im Grunde jeden Morgen erledigen. Natürlich gesellt sich gerade am ersten Tag die Aufregung dazu. Man wirft noch mal einen Blick in die Speisekarte, um zu sehen, ob Gerichte hinzugekommen sind, und schaut zwischendurch immer mal in den Himmel, wie denn das Wetter wird. Ist es sonnig, brummt der Biergarten; nieselt oder regnet es, werden sich als Erstes die Zelte füllen.

Unterm Jahr meide ich den Regen, da reichen schon ein paar Tropfen, lieber sitze ich wie die Katze vorm Ofen. Einzig mein Pferd treibt mich da noch raus. Auf der Wiesn aber, da herrschen andere Sitten. Da füllt sich der Biergarten selbst dann, wenn es schüttet. Nicht im selben Maße wie bei Sonnenschein, das ist eher was für die Unerschrockenen unter unseren Gästen, vor allem, wenn es noch dazu windig ist.

Obgleich unsere Arbeit schweißtreibend ist, erfordern kühle Temperaturen mehrere Schichten an Kleidung. Da bin ich angezogen wie der größte Bergsteiger-Profi, vier, fünf Schichten übereinander, Zwiebellook nennt sich das. Gegen den Regen hilft ein Cape, damit sehe ich aus wie ein Gartenzwerg, böse Zungen behaupten, wie ein Giftpilz. Nicht immer werde ich so als Bedienung identifiziert, dann nämlich, wenn ich keine Bierkrüge durch die Gegend trage. Dann lüfte ich von Zeit zu Zeit mein Cape, damit das traditionelle schwarze Dirndl mit der weißen Bluse und Schürze sichtbar wird, das mich als Bedienung ausweist.

Wenn es so richtig schüttet, nehme ich sogar das Bier unter meine Fittiche, sprich: unters Cape. Ich kann bloß hoffen, dass keine Fotos davon existieren. Die Ausmaße, die ich dabei annehme, sind nämlich gewaltig.

Hin und wieder spannen wir auch einen Regenschirm auf, um das kostbare Bier zu schützen. Wie das klappt mit dem Tragen? Alles Übungssache. Und man hat ja noch ein Kinn zum Klemmen.

Natürlich ist das Arbeiten im Zelt beständiger – doch eine Garantie, dass man viel verkauft und damit auch was verdient, hat man nirgends. Am besten ist es, keine großen Erwartungen zu haben, und unterm Strich gleicht sich alles aus. Was mich angeht, bin ich sowieso eine Kiestreterin und wäre im Zelt niemals so glücklich wie draußen.

Vor allem geht es ja sowieso um das Wiedersehen mit den Bedienungen, unseren Schankkellnern, den Leuten an der Essensausgabe, den Breznverkäuferinnen ... Zwar hat man schon am Donnerstag bei der Einschreibung die Augen offen gehalten und so manchen in die Arme schließen können, aber jetzt, da der Service eingeteilt ist, stellt sich auch gleich dieses unnachahmliche Zusammengehörigkeitsgefühl ein, das zwischen uns gewachsen ist.

Wenn alle Vorbereitungen erledigt sind, frühstücken wir zusammen, so wie jeden Morgen. Da wird nicht nur der kulinarische Grundstein für den Tag gelegt, sondern auch der für all den Blödsinn, den man miteinander macht, die Streiche, die man sich spielt – alles wichtige Zutaten für den Zusammenhalt, den wir genießen. Kurz wird's auch mal philosophisch, dann sagt einer den Satz, der unsere Zeit auf der Wiesn wie kein anderer bestimmt: 15 Tage und der Rest von heute.

Wiesn-Philosophie

»Sein oder nicht sein« – Schauspieler wissen, wie unterschiedlich man die paar Wörter betonen kann und wie sinnverändernd das rüberkommt. Eigentlich ein alter Hut, vielleicht sollten sie sich mal lieber am zentralen Satz unserer Family versuchen.

Ob neutral ausgesprochen, mit nostalgischem Stimmklang, verheißungsvoll, seufzend, klagend, geflucht, mit der Faust im Mund auf dem Klo geschrien, getanzt, gesungen – »15 Tage und der Rest von heute« kann *alles* bedeuten. Man könnte sich jetzt breiter darüber auslassen, doch dafür haben wir keine Zeit: Das Frühstück will abgeräumt werden, und dann stehen wir auch schon in den Startblöcken.

Wenn der Zeiger der Uhr sich der Neun nähert, kommen nämlich die ersten Durchsagen:»Liebe Lieferanten, wir öffnen in Kürze das Festgelände. Bitte verlassen Sie die Straßen.« Jetzt wird es ernst, der Puls klettert in die Höhe.

Dann die nächste Durchsage:»Liebe Gäste, wir öffnen jetzt das Festgelände. Passt auf aufeinand', gebt's acht aufeinand'« – und dann geht's auch schon los. Das ist Gänsehaut pur.

Vom Haupteingang und den Nebeneingängen her nähert sich ein Getrampel, als wäre man beim Almabtrieb live dabei. Sobald die Ordner sie durchlassen, sprinten die Leute los und stürmen die Festzeltstraße, als ginge es um ihr Leben. Die Neugier treibt auch uns an den Eingang vom Biergarten. So ganz verstehen kann man den wilden Ansturm nicht, fürs Erste gibt's genug freie Plätze, und wenn einer über den Haufen gerannt wird, wird einem ganz anders zumute. Noch wird ja gar nichts ausgeschenkt, Bier gibt es am ersten Tag traditionsgemäß erst um zwölf, alkoholfreie Getränke auch erst um zehn. Aber wahrscheinlich geht es gar nicht darum. Sondern vielmehr um die Möglichkeit, dabei zu sein, möglichst sinnfrei in den Wiesn-Tag zu starten, und vielleicht macht es auch ganz einfach eine Riesengaudi.

Sobald die Herde ihre Pferche gefunden hat, geht es etwas gemäßigter zu. Dann kommen auch unsere Stammgäste daher, das große Wiedersehen beginnt, und mir geht das Herz auf.

Nach Neune

Jetzt ist noch Zeit, sich gepflegt zu unterhalten, in Minuten baut man Brücken, die ein ganzes Jahr überspannen. Traurig wird es, wenn ältere Stammgäste nicht mehr vorbeikommen. Manche, weil sie zu gebrechlich geworden sind, andere, weil sie neben meinem Papa auf einer Wolke sitzen und von dort auf das Weltgeschehen und hoffentlich ab und an auch mal auf mich heruntersehen. Nicht selten kommt der Sohn oder die Tochter eines Verstorbenen vorbei und überbringt die traurige Nachricht. Was hilft, ist das Wissen, dass man auf seinen Gast geachtet und ihm schöne Erinnerungen beschert hat. Vergessen sind sie nie, die Menschen hinter den Geschichten. Und am Abend, das weiß ich, wird die Mama nach ihnen fragen, und wir werden uns zusammen erinnern.

Auch das ist die Wiesn. Und vielleicht ein Zeichen an alle, für die es ein Phänomen ist, dass so viele Gäste immer wiederkommen wollen: weil es vielen von uns, die wir da arbeiten, eben immer zuallererst um das Menschliche geht.

Zurück zum Biergartengewusel. Natürlich kreuzen am ersten Tag die Heimkinder auf und auch meine Gummibärli-Bande. Ihren Namen haben sie weg, weil sie immer Gummibärchen zum Bier kriegen – mal von mir, mal aus mitgebrachten Beständen. Regelmäßig darf ich die roten und grünen bei ihnen abstauben.

Dann natürlich »mein Anwalt«. Das klingt jetzt vielleicht etwas pompös, aber auf das »mein« bestehe ich, denn uns verbindet inzwischen eine wirklich lange Story. Anfangs hat er noch studiert; in jener Zeit war auch bei ihm das Geld mal knapp, und wenn er auf der Wiesn war, musste er sehr genau abwägen, ob er eine zweite Maß oder doch lieber eine Brotzeit orderte. Dann holte ich aus meinem Rucksack für ihn das Wurstbrot, das der Papa mir noch am Morgen geschmiert hatte, und die klein geschnittene Paprika gab's obendrauf, während ich ihm die zweite Maß brachte. Und heute? Da ist das Vertrauen so groß, dass er mir seinen Geldbeutel gibt, wenn es ums Bezahlen geht. Ich nehme dann einfach raus, was es gekostet hat.

Und dann der Karl. Besser bekannt als der Gast, der einen Ingenieur beauftragte zwecks Regenschutz. Eine Story, auf die ich noch zurückkommen werde. Karl ist auf gewisse Weise auch an der Entstehung des legendären »Wohnzimmers« beteiligt.

Mein Wohnzimmer

Vielleicht sollte ich es mal von Grund auf erklären, dieses Wohnzimmer. Der liebe Karl ist das, was man »exzellent vernetzt« nennt. Jemand, der einen Haufen Leute kennt, einen hohen Prozentsatz davon auf der Wiesn trifft, dort noch mal mindestens ebenso viele neue Menschen kennenlernt und so was von Wiesn-DNA-verseucht ist, dass er nahezu jeden Tag dort aufschlägt.

Wer zwischen den Zeilen liest, weiß: Wo der Karl ist, da geht's zu. Wenn sonst zehn Personen an einem Tisch sitzen, sind es dann um die 25, und warum denn nicht noch mehr dazuholen, in den Gängen ist ja auch Platz. Irgendwann konnte ich mich nicht mehr durchwalzen und spürte, dass ich langsam, aber sicher die Kontrolle über den Servicebereich verlor. Als dann wieder eine Traube an Gästen kam, die direkt nach ihm fragte und meinte, er habe doch einen Tisch, wo er denn sei (nicht zu sehen, wie auch, wenn eine halbe Hundertschaft den Blick verwehrt), da platzte mir kurzfristig der Kragen, und ich erhob die Stimme.

»Jetzt sag ich euch mal was! Das hier ist 16 Tage lang *mein* Wohnzimmer, und in dem Wohnzimmer, da schaff ich an und ned ihr.«

Und weil der Karl eben ein klasse Mensch ist, verstand er meine Ansage sofort richtig. Seither verteilen sich die Leute, es ist wieder übersichtlich, und ich schaffe es auch durch die Gänge mit meinem Bier. Aber der Stammtisch, der hat seither den Namen »Wohnzimmer« weg und entsprechend ein hübsches Schild bekommen.

Da auch meine Stammgäste hin und wieder arbeiten müssen oder irgendwelche Verpflichtungen außerhalb der Festwiese haben, dürfen natürlich auch andere Leute im Wohnzimmer Platz nehmen. Irgendwie ist die Stimmung dort immer besonders gut, und manchmal fragen mich Gäste extra, ob sie denn mal im Wohnzimmer sitzen dürfen. Es ist schon etwas Besonderes, einen Bereich zu haben, in dem man weiß, die Gäste denken und fühlen ganz ähnlich. Die wollen Spaß haben, es gibt auch Halligalli, aber vor allem geht es ihnen ums Zusammensein. Daher ist mein Wohnzimmer eine kleine Oase: absolut dramafrei und der Ort, an dem die Wiesn rundum genossen wird.

Zur Belohnung gibt's dort dann auch das erste Bier nach dem Anstich. Doch bis es so weit ist, muss noch einiges passieren.

Gleich schlägt's zwölfe

Im Radio und Wiesn-TV läuft der Countdown, der Oberbürgermeister Münchens, der das Fass ansticht, darf sich schon mal einschwingen, schließlich wird seine wichtigste Amtshandlung per Live-Schalte in die halbe Welt übertragen. Da sollte man schon zielen und treffen können, nicht, dass ich jetzt jemanden nervös machen will.

Zehn Sekunden vor zwölf wird runtergezählt, auf »zwei« haut der Oberbürgermeister den Zapfhahn mit zwei bis vier Schlägen ins

Fass, sodass idealerweise Punkt zwölf die Ansage erfolgt:»O'zapft is! Auf eine friedliche Wiesn.« Dann ertönen zwölf Böllerschüsse, und endlich darf auch in den anderen Zelten das Bier fließen.

Vor einigen Jahren war ich selbst einmal beim Anstich dabei. Damals war es wettermäßig so ruhig im Biergarten, dass meine Schwägerin und ich uns dachten: Schauen wir uns doch das richtige Anzapfen an.

Es war schon spannend zu sehen, wie es im Schottenhamel-Zelt zuging. Bayerns Ministerpräsident war da, selbstredend Münchens Oberbürgermeister, dazu etliche, die wichtig genug aussahen, dass ich sie vermutlich hätte kennen sollen … Dazu die Gattinnen, die Bodyguards, ein Haufen Promis, Fernsehmoderatoren – und natürlich eine ganze Riege an Kameramännern, die jeden Atemzug für die Ewigkeit aufnahmen. Das Münchner Kindl – ursprünglich eine Wappenfigur, hier aber lebendiges Maskottchen – saß dekorativ auf einem Fass und lächelte gewinnend. Und ich – ich war schon ganz gespannt, wie es weitergehen würde. Ob gleich auch die Bedienungen aus allen Richtungen strömen und das Bier verteilen würden?

Bis es so weit war, wurde erst mal der Countdown von dem Moderator vorgegeben, dann holte der Oberbürgermeister aus, verpasste dem Fass seinen Zapfhahn und sprach die traditionellen Worte. Das erste Bier wurde in traditionelle Steingutkrüge eingeschenkt, der Ministerpräsident posierte für ein Foto, die anderen gesellten sich dazu. Im Hintergrund aber machten sich längst die Bedienungen bereit, um ihre schwere Last unter die Leute zu bringen. Also alles wie gehabt.

Tini und ich probierten einen Schluck, dann schlüpften wir durch die Reihen in unseren Biergarten, wo es doch am schönsten ist.

Auf den zwölften Böllerschuss

Wenn die Minute näher rückt, in der endlich das Bier ausgeschenkt werden darf, dann müssen auch wir Bedienungen uns anstellen. An der Schänke nämlich, wo jeden Moment gezapft werden wird. Unter denjenigen, die so wie ich nur zur Wiesn kellnern, macht sich ein gewisses Maß an Anspannung breit. Wie viele Krüge packen wir beim ersten Mal? Man will seine Gäste ja möglichst schnell bedienen, zehn sollten es also schon sein oder doch gleich zwölf? Die Profis, insbesondere die Männer, schaffen bis zu 14 Maß. Aber man will die kostbare Fracht ja an den Tisch bringen und nicht unterwegs havarieren.

Sobald der erste Böllerschuss ertönt, strömt Adrenalin durch die Adern. Innerlich zählt man mit runter. Sobald das Bier in die Krüge fließt, ist die Nervosität verflogen, man ist voll dabei. Euphorie erfasst einen, und man stürzt sich mitten ins Geschehen.

Meine Stammgäste, die treuesten überhaupt, wissen, dass ich alles tun werde, damit sie pünktlich beim zwölften Böllerschuss die kühle Maß an die Lippen führen können. Sie haben intern schon Wetten laufen, ob ich es diesmal wieder schaffe. Die Chancen stehen gut – wäre da nicht jenes Hindernis mitten auf meinem Weg, bestehend aus 20 bis 200 Touristen, die sich um die Schänke scharen und unbedingt ein Foto vom Anstich wollen. So nach dem Motto: In den Schottenhamel mit dem Oberbürgermeister wurden wir nicht eingelassen, in die anderen Zelte schaffen wir es auch nicht mehr, und so ein Biergarten ist doch gleich viel authentischer, vor allem, wenn auch noch die Sonne scheint. Oder es regnet und stürmt, auch das ein stimmungsvolles Motiv. Ich möchte nicht wissen, in wie vielen Familienalben jeder von uns schon abgelichtet ist …

Ich verstehe die Leute gut, aber stolpern will ich nicht, und rempeln mag ich nicht. Bisher hatte ich Glück, da teilte sich die Menge vor mir auf geradezu biblische Weise. Und dann knallt man die Maß auf den Tisch, auf die Millisekunde genau, und wird mit einem Strahlen in den Gesichtern der Gäste belohnt, das direkt auf einen überspringt.

Anschließend geht es im Akkord weiter. Erst am Nachmittag, wenn wirklich alle versorgt sind, komm ich endlich zum Durchschnaufen. Kurz habe ich Zeit, ein paar Worte mit den Gästen zu wechseln und nach meiner Family zu schauen. Kaum mag ich's glauben, dass tatsächlich ein Jahr vergangen ist seit dem letzten Mal. Und ich bin dankbar, dabei zu sein. Vor allem, wenn es nicht selbstverständlich ist.

Was mich angeht, kommen da gleich übelste Erinnerungen hoch.

Finster wird's

Reisen wir ins Jahr 1999, genauer zum schicksalhaften 11. August.

Eine totale Sonnenfinsternis stand an, und finster wurde es auch für mich. Noch vor Sonnenaufgang fuhr ich in den Pferdestall. An dem Tag hatte ich eine Urlaubsvertretung übernommen und war zudem mit einer Bekannten verabredet, die ihr junges Pferd trainieren wollte. Wir kamen gerade mal einen Kilometer weit, als ihr Pferd meinte, meines ein bisschen ansteigen zu müssen.

Es war ein ruhiger, süßer Knopf, den ich da ritt, aber mit derartigen Annäherungsversuchen hatte er nicht gerechnet. Vor Schreck machte er einen Satz, und im nächsten Moment schlug ich förmlich in den Boden ein. Hatte ich da gerade ein Knirschen gehört?

Irgendwas stimmte nicht mit meinem Knie, das spürte ich sofort. In meinem Kopf fing es an zu rotieren. Das durfte doch nicht wahr sein! In gut vier Wochen begann die Wiesn. Hoffentlich war nichts gebrochen. Wie sollte ich denn mit einem Gips bedienen? Das ging ja gleich gar nicht.

Ich schaffte es noch bis zur Notaufnahme. Dort versuchten sie zu fünft, mich aus dem Auto zu kriegen, eine ziemliche Tortur, denn inzwischen konnte ich mein Bein nicht mehr anwinkeln. Vielleicht hatte ich ja Glück, und alles war halb so schlimm, wie es sich anfühlte. Ein Bluterguss, notfalls sollten die den punktieren, dann wäre ich rechtzeitig wieder fit.

Das Röntgengerät erwies sich jedoch als erbarmungslos, die Aufnahme zeigte eine Tibiakopffraktur – auf Deutsch: der untere Teil des Schienbeinknochens war hinüber. Um operiert werden zu können, musste ich zwei wertvolle Tage opfern, da das Knie viel zu geschwollen war. Ich kam in ein Sechsbettzimmer, außer mir waren da noch drei Pferdeunfälle, ein Hunde- und ein Autounfall. Wir alle saßen so ziemlich im selben Boot. Außer dass bei mir die Zeit drängte.

Nach der Operation arbeitete ich mit Volldampf an meiner Beweglichkeit, um das Knie baldmöglichst belasten zu können. Doch Anfang September war ich immer noch auf Krücken. Damals zogen mein Mann und ich gerade von Dresden zurück nach Bayern. Immerhin konnte ich mit den Krücken den Umzug dirigieren. Doch der Spaß schmeckte bitter, denn es wurde mit jedem Tag klarer, dass ich unmöglich bei der Wiesn aufschlagen konnte.

Den Einzug der Wiesnwirte mit den prächtig geschmückten Rössern und Bierwagen beobachtete ich von der heimischen Couch aus. Ich sah, wie das Bierfass im Schottenhamel-Zelt eintraf, ich sah den damaligen Oberbürgermeister in Tracht und grüner Schürze. Als dann die Böllerschüsse ertönten, war ich schon so in Tränen aufgelöst, dass es sich gar nicht mehr lohnte, auf den Bildschirm zu gucken. Ich tat es trotzdem, bügelte dabei die Wäsche, und dass sie nicht verbrannte, lag vermutlich daran, dass ich sie vollheulte.

Mein Mann schüttelte bloß den Kopf und brummte etwas wie: »Das ist ja nicht zum Aushalten mit dir.«

Am nächsten Vormittag hatte er ein Einsehen, lud mich ins Auto und ließ mich eine Stunde später bei der Bavaria raus. Damit ich schon mal vorhumpeln konnte, während er sich auf die Parkplatzsuche machte. »Ich weiß ja, wo ich dich finde«, meinte er nur.

Und so lief ich auf Krücken am Kotzhügel vorbei, dessen Gras stellenweise nicht mehr ganz so frisch aussah wie noch am Vortag, und steuerte den Augustiner-Biergarten an. Endlich sah ich meine ganzen Leute wieder. Es war schön, sich von ihnen bedienen zu lassen. Aber noch mal brauch ich das nicht.

Als Kind war ich auch zu Gast auf der Wiesn. Damals waren die gebrannten Mandeln, die ich mir vom Wiesn-Geld kaufte, das Größte. Manchmal gab's auch ein Lebkuchenherz, mit bunten Blümchen aus Zuckerguss und der Aufschrift *Süße Maus* oder *Kleine Hexe*. All die vielen Eindrücke, das Bunte, das Laute, die ausgelassenen Menschen auf den Karussellen, die sich so schnell drehten, dass einem herrlich schwindlig wurde … Wie einmalig das war!

Dann aber, als ich größer wurde, wechselte ich auf die andere Seite und lernte eine neue Perspektive kennen.

Auf einmal ging es nicht mehr darum, selbst eine grandiose Zeit zu haben. Es ging darum, anderen eine solche Zeit zu bereiten. Und da hänge ich seither fest, das ist meine persönliche Wiesn. Da will ich auch nicht weg. Ich mag es, wenn ich spüre, wie jemand als Mensch tickt. Ich mag es, wenn mir klar ist, wer zueinander passt, sich miteinander amüsiert. Sich was zu sagen, zu geben hat. Und natürlich mag ich es, wenn ich dem Gast schon ansehe, was er trinken will, wenn ich ohne ein Wort von ihm die Apfelschorle oder das Bier ordere und ihm vor die Nase setzen kann, sobald er seine Bestellung ausspricht. Prosit!

Was zählt

Leben, das bedeutet eben auch, Erinnerungen zu schaffen. Nicht an irgendwelche Dinge, an teures Zeug, das man sich für viel Geld kaufen kann, sondern an Begegnungen mit anderen Menschen, die einen berühren und etwas in einem auslösen. So viele unterschiedliche Leute kommen auf der Wiesn zusammen; die einen bestellen bei mir Fuhre um Fuhre, als gäbe es kein Morgen, die anderen zuzeln schon seit drei Runden am Rest und heben den fast leeren Krug, wenn einander zugeprostet wird. Vielleicht müssen sie sich ihr Wiesn-Geld ja einteilen, wer kennt das nicht? Manche wirken auch regelrecht isoliert in der Menge; jeder, der das Gefühl kennt, weiß, dass man sich selten einsamer fühlt als in solchen Momenten.

Doch schon im nächsten Augenblick kann sich alles ändern. Dann dringt von der Kapelle ein bekanntes Lied herüber, alle haken sich unter, ausnahmslos jeder wird mit einem Mal Teil dieser wogenden, schunkelnden Menge … Die gute Stimmung schweißt die Menschen zusammen, jetzt ist keiner mehr allein. Und dann wissen wir Bedienungen, wir haben alles richtig gemacht. Haben die passenden Leute nebeneinandergesetzt, mögliche Störenfriede rigoros entfernt … und genießen mit unseren Gästen einen friedlichen Abend auf der Wiesn.

Heim zur Mama

Wenn Mitternacht mit großen Schritten näher kommt, weiß ich: Endlich geht es nach Hause. Im Pulk laufen wir zum Auto, meine Schwägerin, die beiden Nichten und mein Neffe. Die Youngsters eilen voran, und Tini und ich fühlen uns einmal mehr an die Zeit erinnert, als die Mama und ihre liebe Servicepartnerin Angie noch mitmischten. Damals waren wir die Jungen und sind nach einer Schicht noch zum Auto geflitzt. Inzwischen bilden wir die Nachhut wie früher eben die Mama und die Angie. Alt fühlen wir uns an diesem ersten Wiesn-Abend allemal; wenn wir ehrlich sind, schleichen wir eher, als dass wir gehen.

Zu Hause wartet die Mama auf mich. Natürlich hat die Neugier sie wachgehalten, wusste ich's doch!

»Und, wia geht's dir?«, fragte sie dann auch gleich.

Natürlich kann sie sich zu hundert Prozent einfühlen, sie weiß genau, wie man sich nach so einer Schicht fühlt.

»Wuist was ess'n? I hob a Suppe g'macht. Gulaschsuppe, macht satt und warm!«

Sitzt man erst mal bei der Mama am Esstisch, kriegt man erste Zweifel, ob man je wieder aufstehen kann. Das ist dann der Moment, wo ich all die Muskelgruppen wieder fühle, die 50 Wochen lang auf Sparflamme liefen. Undenkbar, 15 weitere Tage durchzuhalten. Doch was man anfängt, das macht man auch zu Ende, würde die Mama sagen. Und es ist ja nicht so, dass ich das nicht wollte. Es kostet bloß körperliche Überwindung.

»Wuist an Tä? Einen ›Schlaf-gut-Tee‹. Komma bessa durchschlaffa«, rät die Mama.

Mit Schlafen wenig zu tun hat das kleine Verhör, das jetzt folgt. Weichgeklopft von warmer Suppe und Beruhigungstee, stehe ich ihr Rede und Antwort, während die Fragen stakkatomäßig auf mich einprasseln.

»Und wer war ois do?«

Natürlich will sie auch wissen, wer von ihren alten Stammgästen *nicht* da war. Dann erinnern wir uns, sie kramt kleine Geschichten hervor, und wir hoffen beide, dass besagte Gäste an einem anderen Tag auftauchen werden.

Und schon geht es weiter.

»San neie Leit in da Küch?«

»Wen hobt's denn als Schankkellner und als Zeichenkassier?«

»Is d'Nadin no im Büro?«

»Wos hom's denn olle verzählt?«

Spätestens jetzt, da die Mama wissen will, was die ganzen Gäste erzählt haben, erreicht der Schmerz in den Füßen mein Gesicht. Ich würde ja gern alles haarklein erzählen und werde es auch tun, schon allein, weil ich selbst jedes Detail noch mal durchhecheln mag. Aber erst mal rufen Dusche und Bett. Das spürt auch die Mama.

»Okay«, sagt sie, »scho guad, bis morgen!«

Dann springe ich mit der Eleganz einer Robbe an Land aus meinen Sachen, unter die Dusche, reibe mich mit Pferdesalbe ein, verpflastere die Füße – und falle ins Bett. Im Hinterkopf dreht sich das Riesenrad immer weiter, spielt die Musikkapelle mein München-Lied, und dann bin ich auch schon eingeschlafen.

Kleine Dirndl-Kunde

In früheren Zeiten trugen Mägde in Bayern und Österreich während der Arbeit ein sogenanntes Dirndlgewand. Vor rund hundert Jahren fanden gut betuchte Damen aus den Städten, die zur Sommerfrische aufs Land fuhren, Gefallen daran und ließen sich edlere Varianten schneidern.

Heutzutage gibt es Dirndl in unzähligen Variationen, vom Spitzen-Mini- bis zum langen seidenen Abenddirndl. Wer ein geschmackvolles Modell sucht, das sich in die Tradition einreiht, wählt einen guten Trachtenstoff aus Baumwolle oder Baumwoll-Leinen-Gemisch für den Rock und das Mieder. Darunter zieht man in der Regel eine reinweiße Baumwollbluse. Über dem Rock trägt man eine Schürze, die kurz über dem Rocksaum endet.

Die Bedienungen im Augustiner-Zelt tragen schwarze Dirndl mit weißer Bluse und Schürze. Was Schmuck, Socken, Schuhe und die Glubberl angeht, wird's meist bunt, da haben wir unsere Freiheiten.

Dirndl, die die Welt nicht braucht

Tracht ist kein Faschingskostüm, zumindest nicht außerhalb der närrischen Zeit, sondern Tradition. Was nicht heißt, dass kein Raum für Individuelles wäre. Aber beim Chinaseidendirndl für 14 Euro mit Minischürze und Spitzenunterrock, der gerade mal über das Hinterteil reicht, bewegt man sich wohl doch eher auf der kritischen Seite.

Dann vielleicht lieber ein T-Shirt mit dem Aufdruck: *Sorry, mei Dirndl is in der Wäsch'*.

Dirndl, die definitiv erfunden werden sollten

Das Modell Stretch – wächst magisch mit

Das Modell Domina – für den Einsatz bei renitenten Gästen

Augen auf beim Schleifenbinden

Links gebundene Schleife: Die Trägerin ist ledig. Was aber nicht heißt, dass sie mit jedem flirten will. Ein Nein ist und bleibt ein Nein!

Rechts gebundene Schleife: Die Trägerin ist verheiratet oder zumindest fest vergeben.

Vorne mittig gebundene Schleife: Die Noch-Jungfrau-Position, wird eher selten gesehen. Sie kann aber auch heißen: Beziehungsstatus derzeit unklar.

Kapitel 4

Lost & Found

Rätsel über Rätsel

Wenn das Bier in Strömen die Kehle hinunterfließt, neigen wir Menschen zur Vergesslichkeit, wie sich auf der Wiesn immer wieder aufs Neue zeigt. Das geht so weit, dass eigens ein Fundbüro eingerichtet wurde, in dem sich Jahr für Jahr Tausende von Gegenständen tummeln. Die Finder? Oft sind es ehrliche Gäste, doch das meiste landet unter Tischen und Bänken, in Ritzen, Ecken und Bierkrügen – dort, wo die Wiesn-Bedienungen fündig werden.

Während wir also allmorgendlich noch gemütlich bei unserer Frühstücksrunde im Biergarten sitzen und uns für die einfallenden Horden stärken, stellt sich uns immer mal wieder die Frage, auf welche Kuriositäten wir wohl heute stoßen werden.

Spannend wird's, wenn die Fundstücke die Fantasie triggern. Ein Slip unter der Bank? Der haut uns schon lange nicht mehr vom Hocker. Das Entfernen lästiger Dessous ist ja bloß der Anfang und maximal eine hochgezogene Augenbraue wert. Wenn der weibliche Gast mitten im Biergarten auf dem Schoß des Sitznachbarn landet, ist auch das längst kein Novum mehr für uns. Wenn's einvernehmlich ist, dann ist ja alles gut und schön, jeder, wie er mag, und irgendwie erschließt sich einem dann auch, warum Dirndlröcke solche Unmengen an verbergendem Stoff haben und der Lederhosenlatz hingegen so leicht zu öffnen ist.

Viel spannender finde ich persönlich ja die Gegenstände, die meinen detektivischen Spürsinn herausfordern. Was war wohl mit dem Rollstuhl, der vor einigen Jahren nahe dem Riesenrad gefunden und nie abgeholt wurde? Zeichen einer Spontanheilung? Oder gar eines Wunders? Oder der einzelne Schuh … Wie ist der Gast wohl nach Hause gekommen, ohne was gemerkt zu haben?, frage ich mich da. Über den Kies humpelnd, barfuß durch das zweifelhafte Wiesn-Sediment staksend …? Da gibt's wenig, was einen mehr gruselt. Und dann der Buggy … Einmal blieb tatsächlich ein Buggy bei uns stehen. Eine Familie hatte ihn im Biergarten geparkt und ward nicht mehr gesehen; immerhin hatten sie das dazugehörige Kind mitgenommen. Wohin sie verschwunden waren, hatte ich nicht mitgekriegt. Jedenfalls wurde es 20 Uhr, dann 21 Uhr, und als die allerletzten Gäste schließlich den Heimweg antraten, stand er noch immer da, der Buggy. Gegen 23 Uhr beschlossen wir, ihn erst mal ins Büro zu fahren, um ihn am nächsten Morgen im Fundbüro abzugeben. Nun hat so ein Buggy schon etwas Verführerisches, wenn man den ganzen Tag auf den Beinen war. Plötzlich hatten wir alle dieselbe Idee: Einer schiebt, der Rest darf sitzen. Nach ein bisschen Gerangel stellte sich leider heraus, dass gewisse Körperteile dann doch zu breit waren. Der Buggy überlebte jedenfalls. Ob die selbstvergessene Familie ihn wohl abholte?

Neben den üblichen Verdächtigen – Jacken, Handys, Geldbeutel, Schlüssel – finden wir regelmäßig Pfandmarken anderer Zelte, Schmuckstücke, Trachtenanstecker, abgegriffene Münzen aus aller Herren Länder und natürlich die Klassiker: Kinderwagen, Höschen, Shapewear, Knöpfe. Wobei die Reihenfolge des Verlusts meist genau umgekehrt ist.

Und dann sind da natürlich die Dinge, die keiner finden will. Und solche, die selbst nach über 30 Wiesn-Jahren für Überraschung sorgen.

Schick in Ripp

Es war ein sonniger, leicht frischer Herbsttag, als sich ein Trumm von einem Mann auf eine Bank im Garten pflanzte: mindestens eins neunzig groß und so breit, dass sein Sitznachbar sich zusammenfalten musste. Zur speckigen Jeans hatte er ein weißes Rippenunterhemd gewählt, sozusagen ein Alleinstellungsmerkmal unter all den männlichen Gästen in ihren feschen Trachtenjankern. Wobei man ihm zugutehalten musste, dass sein Unterhemd weder Flecken noch Schweißränder aufwies – kleine Details, für die man im Laufe seines Wiesn-Lebens dankbar wird. Um den Hals trug er ein wahres Goldgehänge: die obligatorische Panzerkette, eine breitere Gliederkette, eine schmalere mit einem Anhänger in Form eines Jaguarkopfes, das Sternzeichen Löwe war auch mit dabei. Damit nicht genug, zierte eine protzige goldene Uhr sein Handgelenk, und an jedem Finger prangte ein Ring von der Größe einer Handwaffe.

Sein kahler Schädel glänzte im einfallenden Sonnenlicht mit dem Goldschmuck um die Wette. Hin und wieder blitzten die weißen Zähne auf: dann nämlich, wenn er Nachschub bei Tante Elfriede orderte, der Cousine meiner Mutter, die auch seit Ewigkeiten im Garten des Augustiner-Zelts bedient und auch schon viel gesehen und erlebt hat.

Spät am Abend erhob ihr Gast sich schwankend, der Kies knirschte unter seinen schweren Schritten, und mit einem Rülpser verschwand er in die Nacht.

69

Als die letzten Leute längst gegangen waren und nur noch ein paar singende Gestalten über das Wiesn-Gelände zogen, standen wir Bedienungen beisammen und tratschten mal wieder. Da kam Tante Elfriede aufgeregt angelaufen.

»Margarete, du glaubst ja nicht, was unser Goldjunge liegen gelassen hat!«, rief sie.

In den Augen der jüngeren Mädels glitzerte es begehrlich.

»Vielleicht die schicke breite Kette, die tät mir gefallen«, meinte eine von ihnen und seufzte. Klar, dass wir so was niemals behalten würden.

Tante Elfriede aber schüttelte den Kopf, dann hob sie die Hand und präsentierte uns auf einer doppellagigen Serviette das Fundstück. Gold war das nicht, was da glänzte.

Einen Herzschlag lang brauchten wir, um zu begreifen, was wir da sahen: Unser Gast hatte sein halbes Gebiss liegen gelassen!

Dann prusteten wir los. Und überlegten uns, wie er den Verlust seiner unteren Zähne wohl seiner Frau erklären würde. Bestimmt würde es ihm nicht leichtfallen, sich deutlich zu artikulieren.

Zu gern hätten wir ihm das Fundstück persönlich übergeben, doch leider kam er am nächsten Tag nicht wieder. Vielleicht war ihm im nüchternen Zustand die Sache ja unendlich peinlich. Schade eigentlich! Man hätte zusammen lachen können über die Dinge, die einem so nur auf der Wiesn passieren.

Jedenfalls wanderte die Zahnprothese ins Fundbüro und schloss dort auch gleich Freundschaft: mit der Beinprothese nämlich, auch die hatte jemand in einem der Bierzelte verloren und rätselhafterweise nicht abgeholt. Wobei das vielleicht weniger ein Rätsel, sondern vielmehr ein logistisches Problem gewesen war.

Im Fundbüro unterhalb der Bavaria sammeln sich Unmengen von verlorenen Gegenständen, die alle fein säuberlich dokumentiert und mit Nummern versehen werden. Jacken, Hüte, Handtaschen, Bücher der eher belesenen Gäste, aber auch kuriose Stücke vom Glasauge über besagte Beinprothese bis hin zu Fußballpokalen werden dort gelagert. Verwaiste Stücke werden nach Wiesn-Ende in das städtische Fundbüro überführt.

Das schicke Gebiss hat es auf jeden Fall in die Top Ten im Augustiner-Biergarten geschafft.

Apropos Augustiner.

Auch Bedienungen vergessen mitunter was.

Morgens, wenn man noch nicht so recht denken kann, geht man die ganze Litanei durch und setzt im Kopf Häkchen: Geldbeutel? Biermarken? Kassenschlüssel? Kopf, Füße, Hände? Nähert man sich der Festwiese, fällt es einem siedend heiß ein. Mein persönlicher Klassiker? Die Schürze. Ein derber Fluch, dann der erlösende Gedanke: Die Mama hat ja immer eine Ersatzschürze dabei. Geklappt hat das prima – bis die Mama auf der Wiesn aufgehört hat zu bedienen. Und da der Mensch nicht aus Fehlern lernt, erwische ich mich selbst alle paar Jahre wieder dabei, wie ich von der Kollegin zur Nichte und weiter zur Schwägerin laufe, in der Hoffnung, dass eine so schlau war, Ersatz einzupacken. Nicht mal der Xaver, Wiesn-Family-Mitglied mit strategisch günstig gelegener Wohnung nahe dem Festgelände, kann mir helfen, wenn es um Schürzen und Blusen geht. Wobei er das sonst regelmäßig tut:

Auf Wunsch bringt er uns frischen Kaffee, belegte Brote, Diverses aus der Apotheke oder auch bestimmte Zigaretten, die wir auf der Wiesn nicht bekommen. Kein Wunder, dass er längst zur Familie gehört.

Finderlohn

Einmal, es war herrlichstes Wiesn-Wetter, der Biergarten füllte sich zusehends, saßen zwei besonders liebe Gäste bei mir im Servicebereich, die ich schon länger kannte. Fritz – harte Schale, weicher Kern – war eine Erscheinung im wahrsten Sinne des Wortes, noch größer als ich, noch fester, sodass er fast zwei Sitzplätze in Anspruch nahm. Seine Frau Bärbl war rund anderthalb Köpfe kleiner, mit wuscheligem Haar, eine ganz Liebe. Mit den beiden wurde es nie langweilig, sie stellten in ihrer Freizeit so einige verrückte Dinge an, waren Bon Jovi mal eine ganze Tour lang gefolgt und schlugen natürlich auch regelmäßig auf der Wiesn auf. Zwei Menschen, die sich immer schon gesucht und irgendwann gefunden hatten. Bis zu jenem schicksalshaften Tag, an dem sie einander verloren. Aber der Reihe nach.

An besagtem Tag saßen sie in meinem Wohnzimmer, tranken eine Maß, aßen ein Hendl, genossen die gute Stimmung, tranken noch eine Maß – und verabschiedeten sich schließlich, um weiterzuziehen. Als sich der Nachmittag dem Abend zuneigte, tauchte plötzlich die Bärbl vor mir auf. Die Augen waren schon ein wenig glasig, mit Sicherheit war in den vergangenen Stunden zu den beiden Maß noch das eine oder andere Glas Prosecco hinzugekommen. Angeheitert könnte man ihren Zustand nennen, aber heiter wirkte sie nun wirklich nicht, denn:

»Maggy, ich hab den Fritz verloren!«

»Wie, du hast den Fritz verloren?«

»Keine Ahnung«, sagte sie. »Auf einmal war er fort.«

Seltsam. Er war ja jetzt keiner, der einfach so in der Menge verloren ging, man müsste doch eigentlich bloß den Kopf recken, um ihn ausfindig zu machen.

»Hock dich ins Wohnzimmer, der Fritz wird scho kemma«, prophezeite ich. Mit etwas Glück lief es bei den beiden so wie mit den Kindern, die meine Gäste immer mal wieder verlieren. Die wissen genau, wo sie hinmüssen, wenn die Mama oder der Papa außer Sicht geraten: zur Margarete nämlich. Bisher wurde noch jedes Kind verlässlich wieder abgeholt, und ich war recht zuversichtlich, dass sich auch Fritz' Vermisstenfall in Bälde auflösen würde.

»Jetzt trinkst du erst einmal ein Wasser, und dann schaun wir«, setzte ich nach.

Jetzt kam Leben in die Bärbl, sie protestierte: »I mog a Bier!« Schließlich sei sie trinkfest und überhaupt nicht angesäuselt. Klar doch. Als ich sie den hinteren Tisch ansteuern sah, war sie deutlich am Schwanken. Die dort verbliebenen Konsorten, mit denen Bärbl und Fritz sich schon früher am Tag ganz lebhaft unterhalten hatten, saßen noch immer da, somit passte alles mit der Stimmung. Und tatsächlich – wenn mich nicht alles täuschte, hatte die Bärbl ihren Fritz nur eine Viertelstunde später bereits ein kleines bisschen vergessen.

Eine halbe Stunde später stand ich gerade an der Schänke, um Bier zu holen, als ein völlig aufgelöster Fritz auf mich zugestampft kam.

»Maggy, Maggy, ich hab die Bärbl verloren, ich bin total verzweifelt, ich bin schon am Überlegen, ob ich zur Polizei gehe, was mach ich bloß, Maggy, bitte, hilf mir …«

Mein Pferd ist heuer 24 geworden, ich habe Erfahrung im Beruhigen und Besänftigen.

»Fritz, jetzt mal ganz ruhig«, sagte ich betont langsam. »Schnauf erst mal ganz tief ein und wieder aus … Und dann gehst du den zweiten Gang nach hinten, dorthin, wo ihr vorher gesessen habt, und da wirst du eine Überraschung erleben.«

»Wieso, was meinst du jetzt? Hör mir doch zu, ich hab die Bärbl verloren, ich muss die Bärbl suchen, was mach …«

»Fritz, schnauf durch. Alles ist gut, bitte sei so nett und geh nach hinten.« Noch immer war er nicht überzeugt, zögerte, sein Blick irrlichterte umher. Also schob ich ihn sanft, aber bestimmt vor mir her, kein leichtes Unterfangen angesichts seiner Masse.

Als wir den Stammtisch erreichten, fiel es ihm wie Schuppen von den Augen.

»Die Bärbl!« Er schien sein Glück kaum fassen zu können. Völlig überwältigt drehte er sich zu mir um. Mit geröteten Augen umarmte er mich und gab mir einen dicken Schmatzer auf die Wange. Im nächsten Moment zückte er seinen Geldbeutel.

»Du hast meine Bärbl wiedergefunden«, sagte er, und dann steckte er mir den Finderlohn zu. Klar wollte ich das Geld nicht annehmen, Service des Hauses sozusagen, doch er ließ sich nicht davon abbringen. »Dass du die Bärbl gefunden hast, das kann man nicht mit Gold aufwiegen.«

Nachglühen

Wenn man wieder eine Wiesn gestemmt hat, die Blasen an den Füßen endlich abheilen dürfen und der Körper nach Erholung schreit, verfällt man in eine eigentümliche Stimmung. Noch schwirrt der Kopf von all dem, was man in den vergangenen zwei Wochen erlebt hat. Zugleich ziehen die weniger schönen Situationen an einem vorbei, denn unangenehme Gäste gibt es immer (Stichwort: Unter-den-Tisch-Pinkler). Man glüht noch nach, ist erschöpft und zugleich erfüllt, traurig, weil's vorbei ist, und fängt im Geheimen schon wieder an, die Tage runterzuzählen auf die nächste Wiesn.

In genau dieser Stimmung erwischte mich mein Mann, als er liebevoll fragte:»Schatz, gehn wir heute Abend mal wieder so richtig schön essen?«

»Geh, leck mich doch am A***«, antwortete ich barsch. Ich hatte nicht richtig zugehört, war noch voll im Bedienungsmodus, und, na schön, ein klein bisschen verroht man halt auch.

Kurz stutzte er, dann meinte er gottergeben:»Ich frag dich am besten in zwei Wochen wieder.«

Ich brummte etwas zur Antwort, was ich hier so nicht wiedergeben mag. Aber es war nicht unsere erste gemeinsame Wiesn, und so perlten meine Worte an ihm ab wie das Kondenswasser an den Maßkrügen.

Auf den Tag genau zwei Wochen später fragte er mich aufs Neue. Diesmal hörte ich zu. Und freute mich! Ein paar schöne Stunden zu zweit in gepflegter Umgebung, ein Glas Wein, leckeres Essen, mal wieder so richtig aufbrezeln ... Die Arbeit auf der Wiesn hatte auch in dem Jahr den Effekt einer Diät auf mich gehabt, ich passte wieder in meine Lieblingsjeans. Fehlte nur der richtige Schmuck.

Mein Mann hatte mir zu unserem Hochzeitstag einen wunderschönen Ring geschenkt, an dem er jedes Jahr einen Stein ergänzen ließ. Ich liebte den Ring allein schon wegen seines ideellen Werts, genau der musste es an diesem besonderen Abend sein.

Es gab nur ein Problem: Er war verschwunden.

Statt also die romantische Stimmung und das Essen zu genießen, wälzte ich im Hinterkopf pausenlos Gedanken an den Verbleib des Rings. Wann hatte ich ihn zuletzt angehabt, wo hatte ich ihn verdammt noch mal hingelegt ... Ich war mir hundertprozentig sicher, dass ich ihn zum Einschreiben am Donnerstag vor der Wiesn getragen hatte. Auf das Einschreiben erfolgte das Einsortieren der Bierkrüge. Klar, dabei musste ich ihn ausgezogen haben, das verstand sich von selbst. Und dann? Wo hatte ich ihn bloß verstaut?

Am nächsten Morgen fuhr ich in aller Früh zu meiner Mutter, wo ich während der Wiesn wie jedes Jahr gewohnt hatte, und stellte mein Zimmer auf den Kopf. Nichts.

Vielleicht hatte ich ihn ja zu Hause in eine meiner Wiesn-Kisten gesteckt, in denen ich kleine Geschenke und Andenken sammelte? Ich fuhr zurück, krempelte alles um, stieß auf lange vergessene Fundstücke, Wollmäuse und einiges mehr. Doch was den Ring anging: wieder nichts.

Ziemlich verzweifelt versuchte ich aufs Neue zu rekapitulieren, wo ich ihn bloß hingetan haben könnte. Ich hatte an besagtem Donnerstag eine Jeans getragen. Eigentlich logisch, dass ich den Ring in eine der Taschen gesteckt hatte. Die Jeans war allerdings längst in der Wäsche gelandet. Bewaffnet mit Schraubenzieher und Zange, machte ich mich daran, die Waschmaschine auseinanderzunehmen. Das Flusensieb dankte es mir, doch es gab keinen Ring preis, und auch in der Trommel hatte er sich nicht verfangen. Dann tat ich, was ich allen Gästen in so einem Fall längst geraten hätte – ich meldete mich im Fundbüro. Auch hier: nix!

Schweren Herzens gab ich die Suche auf.

Ein, zwei Monate später waren die verlorenen Pfunde wieder drauf, der Kopf nicht mehr so überdreht, und ich fluchte auch nicht mehr so derb. Kurz: Der Einfluss der Wiesn begann sich zu legen, die Vernunft kehrte schubweise zurück. An einem dieser Tage öffnete ich mein Schmuckkästchen, und was lag da ordentlich an seinem angestammten Platz? Richtig, mein Ring.

Es sind also nicht nur Gäste, die zur Wiesn etwas verlieren.

Und manchmal sind es auch keine Gegenstände, die einem abhandenkommen, sondern Leute. Wiesn-Bedienungen, um genau zu sein. Dann rückt auch schon mal die Polizei an.

Unsere Freunde und Helfer in der Not

Eine ganze Zeit lang hatten wir eine Kollegin, die relativ klein war, eins achtundfünfzig maximal. Ihr kam das zugute, sie konnte quasi überall durchschlüpfen, unter erhobenen Maßkrügen und durch O-Beine hindurch. Die Kehrseite der Medaille: Wir wussten nie, wo sie gerade steckte. Hinter der typischen Reihe von Gästen, dicht gedrängt sitzend, möglicherweise noch mit Hut, verschwand sie völlig. Auch war sie so flink, dass sie sich nie lange genug an einem Ort aufhielt, sodass das Auge sie hätte erfassen können.

Am letzten Wiesn-Tag, wo uns sowieso nur noch Blödsinn einfällt, hatten wir die glorreiche Idee, ihr einen Helium-Ballon in Gestalt einer Mickymaus an die Schürze zu binden. Mickymaus, weil sie ein wirklich süßes Gesicht hatte und ihr langes Haar seitlich zu Knoten gewurschtelt trug, die aussahen wie Mickymausohren. Der Effekt des Ballons war der gleiche wie bei der Wimpelstange, die man hinten am Radl befestigt: weithin sichtbar, über den Massen schwebend. Jedenfalls konnten wir nun endlich ihre Laufwege live mitverfolgen. Allerdings löste sich der Ballon nach kurzer Zeit wieder von der Schürze, und sie war aufs Neue verschwunden.

Inzwischen war es Abend geworden und ziemlich kühl, die meisten Gäste drängte es ins Zelt, und ein Teil von uns hatte Zeit, ein bisschen strawanzen zu gehen. Zwischen den Ständen mit gebrannten Mandeln fanden wir sie – nicht unsere Kollegin, sondern unsere Freunde und Helfer in der Not. Sechs Polizisten standen da in ihrer klassischen Formation, im Kreis, Rücken an Rücken.

»Wir möchten gern eine Suchanzeige aufgeben«, meinten wir und kicherten, als wären wir selbst unsere besten Gäste gewesen – letzter Tag halt. »Bezüglich des Luftballons, den wir an unsere Kollegin gebunden haben und der sich unerlaubt entfernt hat.«

Der Chef der Truppe musterte uns einen Moment lang. »Wir ham den Suchhund schon mal vorausgeschickt«, meinte er dann und deutete, ohne mit der Wimper zu zucken, in den Himmel. Dort schwebte ein grinsender Helium-Dalmatiner.

So sind sie, unsere Wiesn-Polizisten, immer hilfreich am Start, wenn man sie braucht.

Straight in die Notaufnahme

Mehr lost als found war einer meiner Gäste aus dem rheinländischen Raum, der mehrere Jahre hintereinander auf der Wiesn aufgeschlagen war. Praktischerweise hatte er sich mit einem meiner Stammgäste angefreundet, der ihm jedes Jahr ein komplettes Wiesn-Outfit auslieh: von der Lederhose übers Hemd bis zu den Schuhen, so richtig fesch.

Weniger fesch war allerdings sein Auftreten eines Nachmittags im Biergarten: Ein Arm war fest verbunden, das Knie aufgeschlagen, das geschwollene Auge veilchenfarben umrandet.

»Was ist denn passiert, was hast du gemacht?«, fragte ich leicht fassungslos.

»Du, Maggy, mir ist eine Geschichte passiert, die glaubst du nicht. Ich bin in der Notaufnahme aufgewacht.«

Ach du Schreck!, dachte ich, und er sagte:

»Mein einziger Gedanke war: Bitte, lieber Gott, lass mich nicht mit dem Fahrrad gefahren sein. Mein Führerschein, mein Führerschein! Dann bin ich meinen Lappen los.«

Ich schüttelte den Kopf. So kam der Wiesn-Besucher zum Beten. Und mit welcher Inbrunst!

»Bitte, lieber Gott, hab ich gedacht, ich hab so Angst, ich brauch meinen Führerschein. Ich brauch den doch für den Job. Was mach ich denn bloß … Bitte, lieber Gott!« Aufgewühlt sah er mich an. Da gab es Leute, die bei uns ihre Prothesen von den Zähnen abwärts verloren. Ihre liebsten Erinnerungsstücke. Ihre Unschuld. Aber dass einer auf der Wiesn zu seinem Glauben fand, das war mir noch nicht untergekommen.

»Was ist denn überhaupt passiert?«, hakte ich nach.

»Das glaubst du nicht«, wiederholte er. »Wie ich da lag, also in der Notaufnahme, kam irgendwann die Krankenschwester rein und sagte: ›Mei, Sie haben aber ein Glück gehabt letzte Nacht, dass Sie Ihr Radl geschoben haben. An der Polizeiwache vorbei.‹«

Strahlend sah er mich an, die Erleichterung strömte ihm aus allen Poren.

So ganz begriff ich die Geschichte noch immer nicht. Wie sich schließlich herausstellte, war er direkt vor der Polizeiwache übel gestolpert und hingefallen. Die Polizisten hatten einen Blick auf ihn geworfen, vermutlich das Bier erschnuppert, ergo den Rettungswagen gerufen und ihn schnurstracks in die Notaufnahme verfrachtet.

Da hatte er gleich zweifach Glück gehabt. Was natürlich ausgiebig gefeiert werden musste.

»Und dein Radl?«, erkundigte ich mich.

»Das hole ich nachher an der Wache ab.«

»Sieh bloß zu, dass du dich nicht vor den Augen der Polizisten auf den Sattel schwingst«, sagte ich mit einem Blick auf die Maß, die er in Rekordzeit leerte.

»Na, so blöd bin ich nicht«, betonte er, wischte sich den Schaum vom Mund und bestellte gleich Nachschub.

Und sonst?

Aktenordner und eine Schreibmaschine (da war wohl jemand fleißig, Workation auf der Wiesn), Krankschreibungen und Atteste (dummerweise im Bierzelt vergessen), eine Ladung zum Strafantritt (wegen Verstoßes gegen das Betäubungsmittelgesetz, man hätte es sich denken können), all das wurde schon verloren und nie abgeholt. Hartnäckig blieb hingegen ein Tourist aus dem Vereinigten Königreich. Angeblich hatte ihm die Taschenkontrolle am Haupteingang sein Sextoy abgenommen. Man erzählt sich hinter vorgehaltener Hand, dass er noch immer durch die Münchner Amtsstuben geistert und danach sucht.

Bayerisch fluchen leicht gemacht

Die Mama tät ja sagen: »Solche Wörter nehmen wir nicht in den Mund.« Aber was, wenn man die Geldbörse, ein Schmuckstück, den Ehering oder die Rolex verloren hat? Das Handy mit den peinlichen Fotos liegen geblieben ist? Oder, auch das hat sich schon ereignet: Das Fundbüro rückt den Geldbeutel nicht raus, bloß weil man sich nicht an das Aussehen, den Inhalt, den eigenen Namen, das Kind auf dem Foto erinnern kann? Zefix! Da kann auch der freundlichste Gast zum Fluchen anfangen.

Gut, wenn man in solchen Fällen über das notwendige Vokabular verfügt. Da ist die Bedeutung zweitrangig, deshalb muss man auch nichts übersetzen. Einfach ausprobieren, und wenn man sich eine Watschn einfängt, hat's halt nicht gepasst.

Profitipp

Elendig, damisch, verreckt, sapralott, schiach: Damit lässt sich die Aussagekraft noch unterstreichen. Zum Beispiel: »Du schiache Blunzn, du!« Oder: »So a damischer Gschwoischädl, sapralott, jetzt glangt's aba!«

Eher weiblich

Bixlmadam
Blunzn
Brunzkachl
Drudschn
Krampfhenna
Quadratratschn

Eher männlich

Gschwoischädl
Hosnbiesler (nicht zu verwechseln mit dem Kniabiesler)
Kletzensepp
Zornbinkel
Zwidawuazn

Eher sächlich

Scheißglump, verreckts
Packerl Watschn

Passt immer

Damische/r
Watschngsicht
Wuisler

Gern genutzte Aussprüche, die die Intelligenz des Gegenübers in Zweifel ziehen

Bist auf der Brennsuppn dahergschwomma?
Bist aufd Baamschui ganga?
Host Unterzucker, oder was?
Hams da ins Hirn gschissn?
Host an Klopfa?

Für alle, die es weniger derb bevorzugen

Als ich Mama wurde, war klar, dass ich nicht mehr so häufig »Leck mich am A***!« sagen sollte. Aber irgendwie muss man ja mal Dampf ablassen. Also heißt es im Hause Prijak seither überwiegend: »Du kannst mich mal am Tutten töffen!« Ein Spruch, der natürlich längst von der Family gekapert wurde.

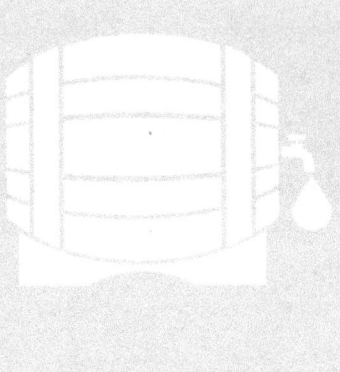

Kapitel 5

Dynastisches

»Luja, sog i!«

Für die Münchner ist der Himmel das Bierzelt, und das liegt am Engel Aloisius, der post mortem auf einer Wolke hockte und so laut jubilierte, dass er schleunigst aus den ätherischen Sphären ins Hofbräuhaus verbannt wurde. Fortan sollte er der bayerischen Regierung dort göttliche Ratschläge einflüstern. Dass er seine Aufgabe über ein paar Maß Bier vergaß, muss einen nicht wundern. Jedenfalls war er derjenige, der den Himmel auf Erden etablierte, mit goldenem Gerstensaft als Manna, Hendln, die auf Bäumen wachsen, und lieblichen Klängen der Blaskapelle.

So mancher denkt jetzt vielleicht, dass wir Wiesn-Bedienungen die Engel sind, die heimlichen Herrscherinnen, Hosianna. Entsprechend verklärt sind die Blicke der Gäste, wenn der Abend voranschreitet und wir mit unseren acht bis zwölf vollen Krügen durch die Massen pflügen.

Tatsächlich gibt es eine Dynastie der Wiesn-Bedienungen, und Dynastien werden gegründet, um zu herrschen. Herrschen wollte ich noch nie, nicht mal Chefin sein, sondern bloß ich selbst. Und doch haben Bluts- und Freundesbande, die über die Zeiten hinweg entstehen, immense Vorteile. Um zu überleben, sind wir Menschen aufeinander angewiesen, in der rauen Natur ebenso wie auf der Wiesn. Wir lernen voneinander, und wir unterstützen uns gegenseitig, wenn's mal hart auf hart kommt. Wenn das Chaos aus den Zelten rüberschwappt. Wenn man sich selbst mal ein paar Minuten ausklinken, feiern, tanzen, singen muss. Und wenn man mal wieder so richtig Blödsinn machen will.

Natürlich ist der Gast König, und dafür laufen wir uns die Hacken ab. Wenn einer sagt: »Komm, wir gehen zur Margarete« statt »in den Biergarten«, dann weiß ich, ich hab alles richtig gemacht. Dass es so weit kommen konnte, nun, dafür habe ich eine Menge lernen müssen. Ein Job in der Gastro ist viel mehr, als bloß ein Getränk von A nach B zu tragen. Mir hat das die Mama vorgelebt. Unsere hauseigene Wiesn-Dynastie aber reicht noch ein Stück weiter zurück.

Der Anbeginn

Die Erste, das Urgestein sozusagen, war die Tante Hilde. Baujahr 1933, war sie zwölf Jahre älter als meine Mama. Nachdem der Vater – mein Opa – schon sehr früh gestorben war, hatte ihre Mutter – meine Oma – die Kinder allein durchbringen und viel arbeiten müssen. So kam es, dass sich Tante Hilde meist um ihre kleine Schwester kümmerte. Das viele Arbeiten, das Aufeinander-Aufpassen hatte Tante Hilde wie auch meine Mama stark geprägt.

»Die Hilde war der Wahnsinn«, sagt die Mami und daran gibt's nichts zu rütteln.

Leider habe ich zu wenig Erinnerungen an meine Tante. Ich weiß noch, dass sie groß und stämmig war. Und dass es bei ihr den besten Hollersaft gab. Eigentlich war sie gelernte Schneiderin, fing dann aber zum Kellnern an und landete schließlich im Schottenha-mel-Zelt als Wiesn-Bedienung.

Die Mami meinte klar und deutlich: »I geh da nie hi.«

Allerdings nahm die Geschichte dann das, was Chronisten eine schicksalshafte Wende nennen. Da waren vier Kinder zu versorgen, ein Haus musste abbezahlt werden … Fürs Erste brauchte die Fa-milie einfach ein Zubrot, also warf die Mami all ihre Beteuerungen über den Haufen und schlug ebenfalls im Schottenhamel auf. Und so wurde der Grundstein unserer Dynastie gelegt.

Gäste meinten mal zu mir: »Margarete, deine Mama ist eine Welt-macht.« Genau so haben wir sie empfunden, und nicht nur das, sie ist tatsächlich eine.

Wie sie zu Hause die Familie zusammenhielt und versorgte, dann abends und an den Wochenenden kellnern ging, das verlangt mir den größten Respekt ab. Zu uns Kindern war sie nie streng, aber konse-quent. Sie war immer liebevoll und hat uns vieren unser jeweiliges Hobby ermöglicht, außerdem durften wir alle ein Musikinstrument lernen, der eine mehr, der andere weniger zur Freude der Zuhören-den. Mama hat auch immer lecker gekocht, das tut sie heute noch. Wenn es etwas gab, was eines von uns Kindern nicht mochte, konnte es schon mal passieren, dass drei verschiedene Gerichte auf dem Tisch landeten. Wir hatten wirklich eine sehr behütete und schöne Kindheit. Wie sie es auch anstellte: Mama war gefühlt immer da, nie krank und stand, egal was wir angestellt hatten, felsenfest hinter uns.

Mehr denn je verstehe ich, dass die Wiesn für sie schon bald nicht mehr nur das Zubrot war, sondern eben auch eine kleine Flucht: in ihre ganz eigene Welt, in der jeglicher Alltag weit weg war und sie hundertprozentig sie selbst sein konnte. Wobei sie durchaus Sehnsucht nach uns hatte. Aber was die Mami anfing, das zog sie auch durch.

Zurück zur Weltmacht.

Gelernt hatte meine Mutter Hotelfach, den Service als solchen kannte sie von der Pike auf. Sie wusste von Grund auf, wie man einen Tisch richtig eindeckt, wie man eine Bestellung aufnimmt, von welcher Seite bedient wird, wer zuerst kommt ... Lauter Regeln, die immer mehr verloren gehen.

Meine Mama bediente nicht bloß auf der Wiesn, sondern ganzjährig im Augustinerkeller und im Sommer im Biergarten, meist sieben Tage die Woche 18 Stunden lang. Wenn sie denn mal frei hatte, nahm sie sich Zeit für uns und später auch für die Enkelkinder.

Als typische Bayerin beherrscht die Mama das freundliche Granteln bis zur Perfektion und hat auch so einige Sprüche auf Lager.

Als wir auf der Wiesn zusammenarbeiteten, hieß es ständig: »Des buid's da bloß ei!« Hunger, weil man abends um sechs vor lauter Gästen noch immer kein Mittagessen hatte? »Des buid's da bloß ei!« Eine dicke Blase am Fuß? »Des buid's da bloß ei!« Wenn es im Biergarten zu tröpfeln anfing? »Des buid's da bloß ei!«

Meine Mama war auch immer sehr stolz. »Mir kündigt niemand«, pflegte sie zu sagen. Und tatsächlich war sie es, die mit 68 Jahren entschied, ihren Abschied zu nehmen. Weil die Mama eben die Mama ist, lief das Ganze gar nicht spektakulär ab. Eines Tages meinte sie zum damaligen Geschäftsführer, dass sie im nächsten Jahr nicht mehr kommen würde. Jeder, der sie kennt, weiß, dass das, was sie sagt, Hand und Fuß hat. Der Geschäftsführer holte eine Flasche Champagner, öffnete sie, schenkte ein – und bedankte sich herzlich bei der Mami.

Und ich? Bekam vom Schampus nichts ab.

Was die Mama dazu meint: »Des buid's da bloß ei.«

Es gab so einiges, was ich von der Mama gelernt habe – fürs Leben wie für die Wiesn.

Dass man freundlich ist. Dass man anständig ist, immer in den Spiegel schauen kann.

Dass man sauber daherkommt – es hatte schon seinen Grund, dass die Mama immer eine Ersatzschürze und Nähzeug dabeihatte.

Dass man das, was man anfängt, auch durchzieht, und zwar hocherhobenen Hauptes. Der Rest, meinte sie, käme ganz von allein.

Die Mama konnte zuweilen auch ein Schlitzohr sein. Wenn sie partout keine Lust auf ihre »Lieblingsgäste« hatte, dann schickte sie diese weiter so im Stil von: »Leider ist hier heute kein Platz mehr, aber geht doch zu meiner Tochter Margarete, die kümmert sich um euch.«

Dann strömten sie also ein, ohne Vorwarnung, dafür mit hohen Erwartungen. Doch ich bin nun mal ich und nicht die Mama. Mit hochgezogenen Brauen besahen ihre Gäste die Patina auf meinen Tischen, zogen demonstrativ die Finger weg, weil es pappte, und dann wollten sie auch noch Bierdeckel unterm Krug. Alles, was recht ist!

Jedenfalls zog ich meine Lehren aus der Sache: Fortan bestückte ich mein Gschirr mit einem Lumpen und Bierdeckeln, damit ich nicht noch mal von Pontius nach Pilatus laufen musste, um es den verwöhnten Gästen von der Mama recht zu machen.

Die Nächsten, die sie outsourcte, waren unzufrieden, weil ihre Rücken im Schatten waren, sie wünschten sich einen Sonnenplatz. Wollen wir den nicht alle im Leben … Als das Granteln kein Ende nahm, fragte ich: »Warum seid's dann überhaupt hergekommen?«

»Ja, weil wir einen Platz gebraucht haben.«

»Na, den habt ihr ja jetzt, ich versteh das Problem nicht.«

Da schauten sie mich nur groß an. Gefunkt hat's zwischen uns jedenfalls nicht oder nur teilweise, da sie den Service und das Gschmäh von der Mama halt bevorzugten. Dafür flogen ein paar Funken anderer Art, mit der Mama nämlich. Rigoros beschied ich: »Nägst moi genga die Herrschaften wieder in deinen Stoi!« Wobei Stoi Stall bedeutet und Stall: dein Bereich im Biergarten.

Die wahren Lieblingsgäste der Mama bildeten da natürlich eine Ausnahme. Wie zum Beispiel der liebe Christoph, ein herzensguter Mensch. Jahrelang saß er bei der Mama im Biergarten an der Hackerbrücke und schaute natürlich auch bei ihr auf dem Oktoberfest vorbei. Nachdem die Mama aufgehört hatte zu arbeiten, kam er regelmäßig zu mir. Natürlich erkundigte er sich nach der Mama und dann meinte er:»Gib mir doch ihre Adresse, dann schreib ich ihr eine Postkarte von der Wiesn.« Was er dann auch tat.

Mama war schwer entzückt, als sie ein paar Tage später Post bekam, und hatte doch tatsächlich ein wenig Pipi in den Augen. Auf der letzten Wiesn kam er zu mir, mit dem Rollator und seiner Nichte als Pflegerin. Die Mami hatte er nicht vergessen und bestellte Grüße an sie. So sind sie, unsere Stammgäste. Manche begleiten uns ein Leben lang.

Als meine Mama aufhörte, stand ihre Freundin und Kollegin Angie im Service allein da. Die beiden kannten sich schon eine halbe Ewigkeit und hatten jahrelang im Augustiner-Biergarten an der Hackerbrücke zusammengearbeitet. Mithilfe unseres Geschäftsführers wurde ich sozusagen umgepflanzt und übernahm die Gäste von der Mama mit der Angie zusammen. Manche waren sicher enttäuscht, aber der Mensch ist ein Gewohnheitstier, und nachdem so

einige Zungen behaupten, ich würde der Mama mit fortschreitenden Jahren immer ähnlicher, regelte sich auch das.

Angie gehörte wie meine Mama zur sogenannten alten Garde,
war voll in Fahrt, wenn sie arbeitete, und wuselte überall umher.
Dabei sah sie immer top aus, die blonden Haare schön frisiert, die
Bluse gestärkt, die Schürze blütenweiß.

Für mich begann eine weitere megaschöne Zeit. Wir zwei hatten
schon fünf Jahre gemeinsam auf dem Rosenheimer Herbstfest die
Krüge geschwungen und passten prima zueinander.

Zu Angies und Mamas Stammgästen gehörten viele alteingesessene Münchner, die im Augustinerkeller und im Biergarten an
der Hackerbrücke ihren Stammtisch hatten. Sie brachten ein Stück
Tradition mit und erinnerten an die alten Zeiten, als die Wiesn noch
die Wiesn war und weder Schaulaufen noch Rudelsaufen & Koma-
trinken. Auf der Oid'n Wiesn werden viele Traditionen noch gelebt
und auch gezeigt. Allerdings ist in den letzten Jahren überhaupt ein
Trend zurück zum Ursprung zu spüren. Man sieht wieder vermehrt
schöne Dirndl und Lederhosen, und auch das Beisammensein hat
eine althergebrachte Qualität. Hinzu kommen besondere Tage wie
der traditionelle Maurermontag, wo Handwerker aller Zünfte in
ihrer Berufsbekleidung die Wiesn besuchen.

Einer der Höhepunkte war, wenn es 13 Uhr wurde: Dann tanz-
ten Angie und ich zusammen auf das München-Lied einen Walzer im Biergarten. Auch wenn der Walzer vielleicht eher auf den
Wiener Prater gehört, war unser Tänzchen ein Stück lebendige
Tradition. Und zwar deshalb, weil auf dem Oktoberfest jegliche
Grenzen aufgehoben sind, nicht nur zwischen den Nationen, den
Geschlechtern und was weiß ich noch alles, sondern eben auch
zwischen den verschiedenen Altersgruppen. Aufs München-Lied
hat schon jeder getanzt, der tanzen will, egal woher, mit wem und

wie alt. Für unsere Gäste war unser Walzer eine kleine Showeinlage, und dann und wann bekamen wir sogar Applaus.

Als es für Angie altersmäßig an der Zeit war, aufzuhören, wurde sie in allen Ehren verabschiedet. Natürlich wollte die ganze Dynastie dabei sein. Also beeilten wir uns, all die Gäste zu versorgen, die sich draußen bei schönstem Sonnenschein um die Tische scharten, und machten uns für ein Viertelstündchen vom Acker – heimlich natürlich, das Ganze sollte ja eine Überraschung sein.

»Ich geh doch nicht auf die Bühne, ich geh da nicht rauf«, wandte die Angie noch ein, als ihr schwante, was da auf sie zukam. Wie es so ist, gelang es uns, sie freundlich, aber bestimmt vorwärtszubugsieren. Und dann stand sie auf einmal doch oben, neben dem Kellner »Spitz«, einem weiteren Urgestein, der am selben Tag seinen Abschied nahm. Die Kapelle spielte den Defiliermarsch, und das ganze Zelt applaudierte, schunkelte und feierte die beiden Legenden. Es war unglaublich schön. Beide durften auch ihre Bedienungsnummer behalten, die wir normalerweise am letzten Tag abgeben müssen – eine ganz besondere Ehre.

Eine feste Größe war auch Tante Elfriede, die Cousine meiner Mama. Über den Augustinerkeller, Brutstätte zahlreicher Wiesn-Bedienungen, kam sie ins Schottenhamel-Zelt und wanderte dann weiter ins Augustiner, wo sie jahrelang mit der Mama ein Team bildete. Im Biergarten ist sie uns erhalten geblieben, bis auch sie altersbedingt nicht mehr auf die Wiesn konnte. Im vorderen Garten war sie ebenfalls ein Urgestein.

Extra Glubberl-Kunde

Glubberl sind so was von wichtig, dass es sie in den verschiedensten Ausführungen gibt. Das fängt schon bei der Schreibweise an: Glupperl, Glubbal, Gluppal. Es soll auch Menschen geben, die »i« statt »u« sagen.

Das Basismodell ist eine Wäscheklammer, auf die mittels Brandmalerei ein Name oder dergleichen graviert wird. Das kurze Ende wird gern mit einem Herzen oder einer Brezn, einem Bierkrug, Lebkuchenherz, Enzian oder Ähnlichem geschmückt, Heimatliebende kommen auch schon mal mit einer Miniaturlandkarte Bayerns in Blau-Weiß daher. Auf der Wiesn, auf Volksfesten, Weihnachtsmärkten und übers Internet findet man fertige Glubberl mit den gängigen Namen, man kann sie aber auch nach eigenen Wünschen anfertigen lassen.

Die Klammer steckt man sich an die Dirndlbluse, ans Dirndlmieder, ans Hemd, die Weste, Exemplare mit der Aufschrift *Allzeit bereit* oder *Heid oder nie* wurden auch schon an Lederhosen gesichtet.

Glubberl sollen, wie es so schön heißt, die Gesprächskultur fördern. Ist ja auch praktisch, wenn man sich den Namen des Gegenübers nicht merken kann oder auf einige Dinge nicht von selbst gekommen wäre, wie *Superweib* oder *Guter Küsser*.

Manche Glubberl sind selbsterklärend, wie *Bierbauchträger, Dorfcasanova, Aufbrezelt, Zicke*. Andere lehren einen das Fürchten: Trägt eine ganze Horde Gäste *Biertester*- oder *Durscht wie d'Sau*-Glubberl, wissen wir als Bedienungen, dass es kein ruhiger Abend werden wird.

Kleiner Tipp am Rande: Einige Herren haben gleich einen ganzen Vorrat an identischen Glubberln dabei, auf denen vorne der Name und hinten die Telefonnummer eingraviert ist. Wenn das eine vergeben ist, wird das nächste aus der Hosentasche gezogen und angesteckt. Was dabei so rüberwächst, entzieht sich jedoch meiner Kenntnis.

Auch ich habe mehrere im Gepäck, weil mir Stammgäste immer mal wieder welche als Souvenir abschwatzen. Nur mit meinem Namen natürlich, das sollte ich vielleicht dazusagen.

Glubberl sind Kult. Wir lieben sie, weil sie kleine, originelle Accessoires sind, die einfach zur Tracht dazugehören. Weil sie praktische Helfer sind, kann man auch mal einen Bestellzettel anheften. Und weil man einander damit so herrlich auf den Arm nehmen kann. Es gibt nämlich eine Tragepflicht, und der *Frauenversteher* auf dem Glubberl kann, muss aber nicht dem eigenen Selbstbild entsprechen. Mal schauen, wem ich so eins auf der nächsten Wiesn schenke. Vielleicht demjenigen, der mir die *Chefin* verpasst hat …

Meine persönlichen Glubberl

Die Selbsterklärenden
Margarete
We are family
Koa Radler – Und die Leute fragen trotzdem …

Gaben von der Family
Anbandln erwünscht – Entgegen anderslautender Gerüchte NICHT selbst gekauft
Chefin – dito

Und dann noch die Geheimcodes und Insider
Lorelai
Apfelbaum
Bergfink
#S7 is heaven
Wer jetzt wissen will, was die bedeuten, den muss ich enttäuschen, geheim bleibt geheim.

Die Nachkommen

Auch wenn viele Gäste denken, ich bin mit dem Bestellblock in der Hand auf die Welt gekommen: Eigentlich bin ich die klassische Quereinsteigerin, gelernte Außenhandelskauffrau, zwischenzeitliche Aushilfe in einer Goldschmiede, Trainer-B-Reitlehrerin, Familienmensch. Wäre es nach mir gegangen, wäre ich Pferdewirtin geworden. Aber anno irgendwas war das noch nicht üblich für Frauen, und meinen Lebensunterhalt hätte ich damit schon gar nicht bestreiten können. Außerdem war da ja die Sache mit den Genen. Nachdem mir die Mama ihre Wiesn-DNA vererbt hatte, war ich dem Sog hilflos ausgeliefert. Das ging sogar so weit, dass ich bei meinem ersten Ausbildungsvertrag darauf bestand, während des Oktoberfests Urlaub zu bekommen. Der Grundstein einer Tradition, der ich bisher gefolgt bin.

Auf der Wiesn arbeitet man immer im Zweierteam in einem festgelegten Bereich. In ruhigeren Stunden erweist sich diese Einteilung als ideal, um auch mal strawanzen zu gehen, Autoscooter zu fahren und all die Dinge zu tun, die normale Wiesn-Besucher auch tun, während die oder der andere die Stellung hält. In den Stoßzeiten aber ist es Gold wert, wenn man sich aufeinander verlassen kann, ein Auge auf den anderen hat und zusammen eine Phalanx gegen den Wiesn-Wahnsinn bildet. In solchen Stunden bin ich besonders froh um unsere Dynastie.

Mein Bruder hatte nach einer langjährigen Beziehung der Liebe und den Frauen abgeschworen – behauptete er zumindest.

»Mei, die Nächste wird's schwer haben«, tuschelten wir hinter vorgehaltener Hand. Und: »Wenn er überhaupt noch eine findet.«

Eines Nachmittags auf der Wiesn kreuzte er mit einer Frau auf – der Tini. Natürlich kriegten wir alle lange Hälse. Als mein Bruder sie meiner Mutter vorstellte, zog die bloß die Brille runter auf die Nase und musterte sie eingehend mit ihrem unverkennbaren Blick, der »Äha, wer bist'n du, was ist jetzt los« besagte. Ansonsten schwieg sie beharrlich. Es waren Sekunden, die sich für die Tini wie Stunden angefühlt haben mussten. Da kriegte man gar Mitleid mit ihr! Kurzerhand zog ich sie und meinen Bruder nach hinten Richtung Stammtisch und brachte ihnen erst mal ein Bier. So ganz selbstlos, wie es klingen mag, war die Aktion dann doch nicht. Heimlich stiftete ich nämlich meine Stammgäste an, ein Auge auf die zwei zu haben, ob sie denn vielleicht Händchen hielten oder sich sogar küssten.

Was wir nicht wussten: Die beiden waren zu dem Zeitpunkt längst ein Paar. Ein geschlagenes halbes Jahr hatte mein Bruder sie vor uns geheim gehalten, dieser Schlawuzi.

An diesem Nachmittag hatte die Tini eine wahre Feuertaufe hinter sich. Auf dem Weg durch die Gassen hatte mein Bruder nämlich ganz spontan zu ihr gemeint:»Lass uns mal da vorn in den Biergarten gehen. Da arbeiten übrigens meine beiden Schwestern und noch ein paar Tanten. Ach, und meine Mama auch.« So war sie binnen Minuten dem halben Clan ausgesetzt gewesen.

Zwei Jahre später hatten wir die Tini so weit indoktriniert, dass sie mit auf die Wiesn als Kellnerin kam. Wo sie meine liebste Kollegin geworden ist.

Auch meine ältere Schwester arbeitete eine ganze Weile als Bedienung. In meinen Anfangsjahren war sie mir eine große Stütze, ich konnte mich immer auf sie verlassen. Sie war vor allem unsere Aufpasserin. Falls mal irgendwer ein Wehwehchen hatte oder ich mit meinem schlechten Bayerisch-Englisch nicht weiterkam, war sie zur Stelle und ich glücklich, dass sie mir helfen konnte.

Als Nächster stieß Matthias, mein Neffe, zu uns. Wenn er nicht gerade mit seinen zwölf bis 14 Maß pro Gang fleißig die Gäste versorgte oder seine Fitness mit seiner alten Tante, sprich: mir, maß, warf er strategisch seine Netze aus. Das Mädchen, auf das er es abgesehen hatte, verfing sich tatsächlich darin, die beiden wohnen inzwischen im Haus über der Mama.

Meine Nichte Veronika folgte als Nächste dem Ruf der Wiesn. Als sie das erste Mal auf der Wiesn aufschlug, fragten wir uns bloß: Oh weh, ob sie das durchsteht? Weil sie nämlich so zierlich ist. Weit gefehlt! Sie flitzte nur so durch die Reihen, stemmte Krüge und war während der Arbeit nicht totzukriegen. Daraufhin bekam sie von uns ein Glubberl mit dem Namen *Duracell,* in Anspielung an die batteriebetriebenen Trommelhasen. Seither wurde sie zu unserer geheimen Freude des Öfteren gefragt, ob sie denn Duracell heiße. Fun Fact: Veronika selbst kannte die Werbung nicht und musste erst mal googeln, was es mit dem Namen auf sich hatte.

So ausdauernd sie während der Schicht auch ist: Sobald sie abends im Auto sitzt, schläft sie wie auf Knopfdruck ein. Was ihr dann am drittletzten Tag ihrer ersten Wiesn, als die Energie langsam flöten ging, auch ein zweites Glubberl einbrachte: *Batterie leer.*

Nachdem ihre beiden älteren Geschwister dermaßen von der Wiesn schwärmten, musste die Jüngste im Bunde natürlich auch bei uns aufschlagen. Meine Nichte Magdalena, wie Veronika mein Patenkind, war nach zwei Tagen bedienen schon so drin, als wäre sie auf der Wiesn geboren worden. Wie ich ist sie für jeden Blödsinn zu haben, geht offen auf die Leute zu und mischt sich grundsätzlich ein, auch wenn sie etwas eigentlich nichts angeht. Wir zwei sind uns so ähnlich, dass wir trotz des Altersunterschieds nicht nur denselben Musikgeschmack haben, sondern in Konzerten, die wir gemeinsam besuchen, auch noch an derselben Stelle zu heulen anfangen. Magdalena kommt dermaßen nach mir, dass einige Gäste mich schon gefragt haben, ob sie meine Tochter sei.

Was soll ich sagen? Wir vermuten es schwer, obwohl sie im Bauch meiner Schwägerin war.

Natürlich gibt es auch Gäste-Dynastien. Um die Wiesn herum gezeugt (strategisch günstig, dann versäumen die Eltern den Anstich nicht wegen der Geburt), mit drei Monaten das erste Mal im Tragetuch oder Kinderwagen im Biergarten, später dann zu Konsumenten der Fahrgeschäfte erzogen, mit 14 Autoscooterheldinnen und -helden und mit 16 bei der Tante Maggy im Biergarten. Ohne Eltern!

Doch zurück zur Dynastie der Wiesn-Bedienungen, genauer gesagt, zur Gattung der Adoptierten.

Der Rest der Wiesn-Family

28 Bedienungen kümmern sich allein in unserem Teil des Augustiner-Biergartens um das Wohl der Gäste. Manche sind lieb gewonnene Kolleginnen und Kollegen, ein paar kommen Jahr für Jahr neu dazu, und bei anderen, da stimmt einfach die Chemie, der Humor ist derselbe, man hat ein Auge aufeinander – und schon werden sie für die Family annektiert. Wie die Amelie, die über den besten Spezl meines Sohnes auf die Wiesn kam und mit meiner Nichte zusammenarbeitete. Schon nach einem Tag meinte Magdalena:»Können wir die bitte behalten?« Ja logisch!

Dann die Carmen von der Österreich-Fraktion, die lange Zeit den Service neben Angie und mir hatte und mit der man so herrlich lachen kann.

So einiges von dem, was wir beobachten, fällt unter die Sparte: Was auf der Wiesn geschieht, bleibt auf der Wiesn. Die Carmen hat wohl einen speziellen Riecher für pikante Szenen. Ich sag nur: Gäste, die es nach Küchenschluss in der Hendl-Braterei miteinander treiben wollen, sollten immer dran denken, dass die Carmen nicht weit ist.

Und dann ist da natürlich noch die Lisa, die eine ganze Weile mit dabei war und mit der mich nicht nur die Liebe zur Wiesn, sondern auch zu den Pferden verband. Statt mal übers Gelände zu stromern, stand Lisa in jeder freien Minute bei den Brauereipferden und kannte jedes einzelne mit Namen. In der Wiesn-Zeit wohnte sie mit mir bei der Mama, so unzertrennlich waren wir. Und wer unsere nackten Oberarme gesehen hat, der könnte vielleicht sogar einen der Glubberl-Geheimcodes enträtseln. Mehr wird aber nicht verraten.

Last, but not least die Portis. Angefangen hat's mit Jakob, dem ältesten der Geschwister. Hinter der Hand hieß es: »Da kommt ein Neuer, den hat die Chefin reingebracht.« Als er dann bei uns aufschlug, staunten wir nicht schlecht. Zwei Meter groß, sehr gut aussehend, nahm er gleich zwölf, 14 Maß auf einmal und lief mit wiegenden Schritten über den Kies. Von dem Moment an haben wir ihn ins Herz geschlossen. Jakob trug damals mit Vorliebe die Lederhose seines Opas, eine speckige Rarität, die man auch ins Museum hätte hängen können, und dazu eine passende Weste. Fesch sah das aus. Nur die Mama, die hatte gleich was auszusetzen.

»Geh, wie schaust denn aus«, meinte sie kopfschüttelnd, kramte in einer ihrer Taschen und zog das Nähzeug heraus. Dann schnappte sie sich den Jakob mitten im größten Trubel und nähte die losen Knöpfe an. »Ordentlich ausschaun muss man, so viel Zeit muss sein.«

Ein Jahr später brachte er seine Schwester Theresa mit in den Service. Wie der Jakob erwies auch sie sich als echtes Organisationswunder. Nun war im Biergarten leider nichts frei, also landete sie im Zelt – und war dort todunglücklich. Dass ihr Bruder dermaßen von der Wiesn geschwärmt hatte, konnte sie ja mal gleich gar nicht nachvollziehen. Nach einer Woche hatten wir einen krankheitsbedingten Ausfall im Biergarten. Da meinte ich zu unserem Personalchef: »Wie wäre es denn, wenn wir die Theresa rausholen ausm Zelt?« Unser lieber Uwe puzzelte ein bisschen rum und machte es tatsächlich möglich, dass sie ab sofort an Jakobs Seite im Biergarten bedienen konnte. Nach ihrer Schicht kam sie zu uns und meinte strahlend: »Jetzt versteh ich den Jakob.« Auch sie war schneller ein Teil der Family, als sie gucken konnte.

Im Jahr darauf war Jakob nicht dabei, da er sich um den Familienbetrieb kümmern musste. Aber das war kein Problem, denn es gab ja noch einen Bruder, den Xaver. Der Flurfunk schlug Wellen. »Was ist denn da los, um Gottes willen, wie viele gibt's denn von denen?«

Xaver ist der Jüngste im Bunde und zugleich auch der Frechste. Immerhin war er es, der mir das Glubberl mit der *Chefin* draufgedrückt hat. Da hilft kein Bestreiten und Erklären, er lacht sich bloß drüber kaputt. Logisch, dass die Familie auch so einen braucht.

Ich könnte noch so einiges über unsere Truppe erzählen, aber vielleicht schaut ihr einfach mal selbst vorbei …

Das Subsystem

Wenn wieder Wiesn angesagt war und unsere Mama in ihren Biergarten verschwand, war es der Papi, der sich Urlaub nahm und meine Geschwister und mich hütete, solange wir noch klein waren.

Die Zeit ohne meine Mama fühlte sich für mich als Kind seltsam an, weil zu Hause alles irgendwie anders lief als gewohnt. Angefangen von den Hausaufgaben, die ich am Esstisch machen durfte, bis hin zu der Tatsache, dass unser Vater sich so richtig in seine Rolle hineinsteigerte und jeden Mittag das für uns Kinder kochte, was wir am liebsten mochten: Schnitzel noch und nöcher, Fischstäbchen und wieder Schnitzel. Ganz zu schweigen von all den Fertigpuddings mit Sahne als Nachtisch. In den 16 Tagen wurden unsere Rock- und Hosenbünde spürbar enger. Und der Bauch war so voll, dass kaum Platz war, die Mami zu vermissen.

Da ich die Jüngste unter uns Geschwistern war, kam ich am längsten in den Genuss der Zeit, in der unser Vater uns verwöhnte. Als ich dann mit 18 Jahren selbst auf die Wiesn ging, um zu bedienen, bekam ich erst so richtig mit, was er alles für uns tat. Er war ein echtes Ein-Mann-Support-System: Morgens stand er mit uns gegen fünf Uhr auf, und während wir uns fertig machten und anzogen, kochte er Kaffee, schmierte Brote für den Tag und befüllte Thermoskannen. Tagsüber ging er einkaufen, versuchte, die Bude so weit sauber zu halten, und besorgte Kleingeld für uns zum Wechseln. Spät abends, wenn wir heimkamen, saß er in seinem Stuhl und wartete auf uns. Meist war er längst eingeschlafen, wurde bei unserer Rückkehr aber sogleich hellwach und wollte alles genau wissen: ob die Fußballfans vom FC Bayern bei uns gefeiert hätten, ob die Spieler oder andere Prominente vorbeigekommen waren. Was wir am nächsten Tag aufs Brot wollten und ob sonst noch irgendwas zu erledigen war.

Meine Mama war um die späte Stunde recht einsilbig, sie wollte bloß noch ihre Ruhe haben und murmelte bestenfalls was in sich hinein. Also erbarmte ich mich und setzte meinen Papi über alles ins Bild. Irgendwann überfiel mich dann der nächtliche Heißhunger, und wenn ich im Kühlschrank stöberte, thronten da ganz prominent zwei Schokopudding mit Sahne für mich, weil ich die doch als Kind so geliebt hatte. Als ich dann älter war, so Mitte 30, konnte ich die Puddings weiß Gott nicht mehr sehen. Aber ich hätte es nie übers Herz gebracht, meinem Papa das zu sagen, da er es doch so gut mit mir meinte.

Als er langsam auf das Rentenalter zusteuerte, freute er sich so richtig auf den Herbst, denn: »Dann hab ich noch mehr Zeit für euch, wenn ihr auf der Wiesn seid.« Meine Mutter fand das gar nicht lustig. Wobei der Papi sich, weise, wie er war, zurückhielt mit seinen Besuchen. Einerseits war das nichts für ihn, nicht mehr, seit er 1980 Augenzeuge des Attentats auf dem Oktoberfest gewesen war. Andererseits spürte er genau, dass für meine Mama die Wiesn nicht nur die fünfte Jahreszeit war, sondern eben auch ihr eigenes Reich, mit Menschen, die ihr nahestanden – ihrer eigenen Wiesn-Familie eben.

Mit Anfang 20 lernte ich meinen jetzigen Mann kennen. Papi nahm ihn sogleich unter seine Fittiche und unterzog ihn einem intensiven Schwiegervatertraining, damit auch ja für mich gesorgt war während der Oktoberfest-Zeit. Selbstredend ging ich weiter auf die Wiesn, auch dann, als wir nach Dresden zogen. Dass der Großteil meines Jahresurlaubs für das Oktoberfest draufging, war ebenfalls keine Verhandlungssache. Weil mein Mann eben mein Mann ist, nahm er sich auch Urlaub und kam mit. Mein Papa und er übernahmen ab sofort gemeinsam alle anfallenden Arbeiten. Nur das Bügeln der Dirndlblusen und -schürzen nahm die Mama lieber selbst in die Hand.

Bevor unser Sohn geboren wurde, kam mein Mann alle paar Tage auf die Wiesn, um mich zu besuchen, später dann kümmerte er sich zusammen mit dem Opa um den Zwerg.

Doch eine Änderung gab es schon: Ab sofort wartete kein Schokopudding mehr auf mich. Stattdessen hatte mein Mann die Idee, mir ein Wiesn-Geschenk zu machen, weil ich doch so fleißig war. Das erste Mal war ich ganz aufgeregt, als er mir ein hübsches Packerl in die Hand drückte und mir bedeutungsvolle Blicke zuwarf. Neugierig, wie meine Wiesn-Familie eben ist, reckten alle die Köpfe und sahen mir beim Auspacken zu. Kaum öffnete ich die Schachtel und schob das Seidenpapier zur Seite, gab es ein ziemliches Hallo, denn im Innern des Päckchens befand sich feinste Reizwäsche. Entsprechend groß war jedes Jahr die Begeisterung, wenn ich wieder ein Wiesn-Geschenk von meinem Mann bekam.

Inzwischen kriege ich keines mehr. Aber es wäre doch wirklich schön, diese Tradition wieder aufleben zu lassen.

Kapitel 6

The Dark Side of the Wiesn

Ein Prosit der Gemütlichkeit

Natürlich ist nicht alles Gold, was glänzt, auch nicht auf meiner geliebten Wiesn und schon gar nicht, wenn der Alkohol in Strömen fließt und Menschen in Massen aufeinandertreffen.

Wer »Wiesn« hört, hat ganz automatisch eine Phalanx von Riesenkrügen vor Augen, das Glas vom kühlen Inhalt beschlagen, bis zum Eichstrich mit bernsteinfarbenem Bier gefüllt und mit Schaum gekrönt. Dabei war der Alkohol ursprünglich gar nicht die Hauptattraktion auf der Festwiese, sondern Pferde. Damals, im Jahr 1810, sind sie noch um die Wette gerannt, später haben die Braurösser die Wagen mit Bierfässern herbeigekarrt. Inzwischen schreiten sie gemächlich im Gespann daher, ziehen beim Einzug der Wirte die blumengeschmückten Kutschen und Festwagen oder stehen im Brauereigespann dekorativ vor den Zelten, lassen sich fotografieren und hin und wieder einen Pferdeapfel fallen, der authentische Geruch gehört schließlich auch dazu.

Was den Alkohol angeht, sollte sich das mit der Attraktion schnell ändern, Angebot und Nachfrage gehen ja bekanntlich Hand

in Hand. Und so wurden aus den netten Bierbuden der histori-
schen Wiesn schließlich Bierburgen, bis Ende des 19. Jahrhunderts
schließlich die großen Bierzelte aufgestellt wurden, in denen bald
auch Musikkapellen auftraten und mit dem Alkohol um die Wette
für Stimmung sorgten.

Natürlich servieren wir auch alkoholfreie Getränke vom Wasser
bis zur Schorle. Sogar Kaffee kriegt man bei uns, nur für die Ha-
fermilch muss man ein paar Schritte laufen. Aber seien wir ehrlich: Im Schnitt werden sechseinhalb Millionen Liter Bier getrunken. Pro Wiesn. Und die Sieben-Millionen-Marke haben wir auch
schon geknackt.

Happy from the street

Wer sich im Zelt oder draußen im Biergarten niederlässt, hat in der
Regel ein klares Ziel vor Augen: ein kühles Bier zu trinken und
sich eine gute Zeit zu machen. Genauer gesagt: die Realität aus-
zublenden, neue Leute kennenzulernen, Freunde und Kollegen zu
treffen. Rasch werden aus einer Maß zwei, drei, dann vier, und was
Hochprozentiges grätscht auch schon mal dazwischen. Trinken aus
Spaßgründen nennt sich das hochoffiziell.

Alkohol enthemmt, da werden die Schüchternen zu Draufgän-
gern, die Einzelgänger schunkeln kräftig mit, und wer Bewegung
braucht, erklimmt die Tische und tanzt einfach drauflos. Manche
Gäste werden aber auch still, rührselig, geradezu romantisch. Tatsächlich steigt die Zahl der Heiratsanträge, die ich pro Schicht bekomme, mit wachsendem Alkoholkonsum sprunghaft an.

So etwa ein Neuseeländer, ein Zweimetermann mit rötlichem
Bart und Sommersprossen, der mit einer ganzen Clique Lands-

männer unterwegs war. Vielleicht war es ja die Schokolade, die ich ihm zum nachmittäglichen Kaffee zugesteckt hatte, oder eben doch der steigende Alkoholpegel. Jedenfalls meinte er, so eine Süße wie mich könnt's doch gar nicht geben. Als seine Horde am Aufbrechen war, stellte er sich vor mich hin, sah mich an und sagte mit glänzenden Augen: »I want to marry you.«

So viel verstand ich, obwohl mein Englisch nicht das beste ist. »I can't marry you«, antwortete ich bedauernd.

Sorgenfalten furchten seine Stirn. »But why?«

»Because I am from the street«, gab ich zur Antwort. Im Hintergrund hörte ich Gekicher. Meine Schwester – anders als ich das Sprachgenie in der Familie. Da war ich wohl mal wieder in ein Fettnäpfchen getreten. Der zunehmend irritierte Gesichtsausdruck des Neuseeländers bestätigte meinen Verdacht.

»What do you mean?«

Der Herrgott schenke mir Zeit, Geduld, englische Vokabeln, dachte ich.

»Ja mei, glabst du wirkli, dass oane wia i no frei rumlafft«, gab ich zurück.

Seine Irritation wandelte sich in Überforderung. Zu meiner Rechten verlangte die Schweden-Fraktion eine neue Runde, ich musste das hier zu einem raschen Ende bringen. Also aktivierte ich mein bestes Benglisch.

»You think that someone wie i laaft noch free rum? I'm really lucky married.«

Verstehen machte sich auf seiner Miene breit, endlich geriet die Konversation wieder ins Fließen. Er unterdrückte einen Bierrülpser, meinte dann, er würde im nächsten Jahr wiederkommen, und dann würden wir mal schauen, wie lucky der Stand meiner Ehe da noch wäre.

Oane vertrog i no ...

Die meisten Gäste werden unter Alkoholeinfluss wirklich putzig. Als Wiesn-Bedienung stehen wir in direkter Verbindung zur Quelle ihres Wohlbefindens, sind sozusagen der verlängerte Arm des Bierfasses. In den Augen mancher erhebt uns das dermaßen über die Normalsterblichen, dass sie uns geradezu vergöttern und mit gebrannten Mandeln und anderen Süßigkeiten verwöhnen.

Leider holt der Alkohol jedoch nicht nur verborgenen Liebreiz an die Oberfläche, sondern fördert auch die Hitzigkeit. Stichwort: rivalisierende Fußballfans. Plötzlich schwingt Feindseligkeit mit. Da wird diskutiert, dass die Spucketröpfchen und auch mal die Fäuste fliegen. Für Letzteres haben wir zum Glück unsere Jungs von der Security und auch die Polizei.

Ansonsten macht Streiten durstig. Und wer nicht aus den erwähnten Spaßgründen herkommt, sondern um Probleme zu vergessen und Stress zu bewältigen, merkt dann irgendwann, dass das weniger gut klappt. Und wird sauer. Auf die Welt, seinen Nebenmann, einen Gast im Hintergrund: »Der do drüm schaut bläd!« Auf die Wiesn-Bedienung, die sowieso immer zu langsam ist, hundertprozentig verantwortlich für die hohen Preise – und wenn dann auch noch zu viel oder zu wenig Schaum im Krug ist, kann es brenzlig werden.

Natürlich ist es unser Job, Bier zu verkaufen. Aber wir haben auch unsere Ethik. Und es gibt Gesetze – zuallererst mal das Jugendschutzgesetz. Es verpflichtet uns zu kontrollieren, dass unsere Gäste, denen wir Alkohol ausschenken, über 16 Jahre alt sind. Und zwar nicht anhand von mündlichen Beteuerungen, selbst gebastelten Schülerausweisen oder Dokumenten, bei denen das Geburtsdatum zufälligerweise unleserlich ist. Alles schon vorgekommen, aber da müssen wir hart bleiben. Nur der Personalausweis oder Reisepass zählen.

Apropos zählen. Das Runterrechnen auf das jeweilige Baujahr ist immer so eine Sache, man hat ja bloß zehn Finger. Außerdem wird einem von Jahr zu Jahr vor Augen geführt, wie die Zeit vergeht. Das Jahr 2016 war sozusagen die Schallmauer: Da kriegten doch tatsächlich schon welche Alkohol, die im Jahr 2000 (!) geboren waren. Was das eigene Kind angeht, kann man sich ja sagen: Mei, wird das alt. Aber so in Massen, da fällt's halt auf, da merkt man unweigerlich, dass man selbst so langsam in die Jahre kommt.

Was das Schätzen angeht, habe ich mir schon so manchen blöden Spruch eingefangen. Erst letztens war einer, den ich für maximal 15 hielt und entsprechend kontrollierte, längst 24. Ich entschuldigte mich bei ihm, beglückwünschte ihn zu seinem guten Aussehen, und als er immer noch grantelte, erinnerte ich ihn sanft, aber bestimmt daran, dass eine Zeit kommen würde, in der er sich darüber freuen würde, spätestens, wenn er mein hohes Alter erreicht hätte. »Unlustig«, lautete sein vernichtender Kommentar.

Mit den Jugendlichen ist das so eine Sache. Als ginge es beim Alkohol um eine Klassenarbeit, versuchen sie zu tricksen bis zum Gehtnichtmehr. Da sind alle am Tisch über 16 bis auf einen, der – ach, wie ärgerlich – den Ausweis vergessen hat. Oder er hat ihn dabei, zeigt ihn auch willig vor und bestellt demonstrativ eine Apfelschorle, während die anderen doof grinsen und sich zuzwinkern. Als Lehrerin hätte ich vermutlich versagt, aber wie heißt es so schön? Verarschen kann ich mich selbst. Deshalb zeige ich mich in solchen Fällen erbarmungslos und greife zur Präventivlösung: Da kriegt dann der ganze Tisch kein Bier. Oder soll ich vielleicht die ganze Zeit danebenstehen und aufpassen, dass der Krug eines Kumpels nicht zu dem Minderjährigen rüberwandert? Meist ernte ich genervte Sprüche wie: »Dann gehen wir halt woanders hin.«

107

Das wird wohl so sein, und ich kann bloß hoffen, dass die Sache im nächsten Zelt ebenso streng gehandhabt wird.

Auch wenn sie deutlich über 16 sind, habe ich auf meine Stammgäste ebenfalls ein besonderes Auge.

»Ehrlich, du brauchst koa Bier mehr«, sage ich, wenn ich merke, einer hat definitiv sein Limit erreicht. Beliebt ist der Spruch nicht, meist kommt es zu kleinen Diskussionen im liebenswürdigen Bereich:

»Wei du selbstverfreili woast, ob i jetzad no oane vertrog!«, wird feurig bis nuschelnd erwidert.

»Jap, wei i sig di heit scho an ganzen Dog und moan, es langt!«

Meist sind sie dann lieb oder trinken wenigstens zwischendurch eine Spezi oder ein Wasser – Mama weiß halt doch, was die Herren so vertragen.

Es kommt natürlich auch vor, dass ich jemanden auf dem falschen Fuß erwische. Dann wird die Diskussion zuweilen vehement. So wie auf der letzten Wiesn. Da steht besagter Gast doch tatsächlich auf, um seinem Anliegen mit voller Körpergröße Nachdruck zu verleihen, stellt sich so dicht vor mich, dass seine Fahne mich fast umhaut – und landet im nächsten Moment auf dem Hosenboden. Nicht weil ich ihn angetippt hätte, das hat's nicht mal gebraucht. Sondern weil der Boden unter ihm dermaßen zu schwanken begonnen hat, dass seine hundert Kilo der Schwerkraft gefolgt sind.

Extrareißfest, ich sag's ja

Nicht alles endet so glimpflich, vor allem, wenn man die Leute nicht kennt, wenn es immer voller wird, man nur noch am Rennen ist und immer mehr Gäste in den Garten strömen, die woanders schon ordentlich vorgeglüht haben: außerhalb der Wiesn zum Beispiel, wo die Halbe um die zwei Euro kostet.

Manche können ihren Schwips gut verbergen, sich klar artikulieren, und wenn es schummrig wird, sieht man auch den verräterischen Glanz in den Augen nicht. Und dann hat man sie da sitzen, die Unter-den-Tisch-Kotzenden, die Auf-den-Tisch-Kotzenden und als ultimative Steigerung die Auf-die-Bedienung-Kotzenden Da wird einem ganz anders, Putzkräfte gibt es keine, man muss selbst ran. Also Gummihandschuhe überziehen – jetzt erklärt sich auch die Marke »extrareißfest«, auf die ich in einem vorigen Kapitel verwiesen habe –, unbedingt flach atmen und das Malheur beseitigen. Zum Glück kommt das nicht stündlich vor.

Doch schlimmer geht immer – die Wiesn-Hater wird es freuen, endlich mal eine Story ganz nach ihrem Geschmack.

Unvergessen ein Erlebnis am berüchtigten mittleren Wiesn-Wochenende. Traumwetter, der Himmel bayernblau, die Stimmung prächtig.

Während ich an einer der Bänke vorbeihuschte, in Gedanken ganz bei der aktuellen Bestellung, streifte mein Blick eine Sammlung von Bierkrügen unterm Tisch, drei, vier, vielleicht auch fünf an der Zahl, allesamt gefüllt mit einer gelblichen Flüssigkeit.

Seltsam, dachte ich. Zeit zum Sinnieren blieb keine, wie gesagt, das mittlere Wochenende, also eilte ich weiter. Als ich das übernächste Mal an der Bank vorbeikam, löste sich das Rätsel von selbst: Einer der Gäste benutzte den Krug doch tatsächlich als Urinflasche! Wie praktisch, mag er sich gedacht haben. So brauchte er nicht mal aufzustehen und ging weder die Gefahr ein, seinen Platz an der Sonne zu verlieren, noch, ins Schwanken zu geraten und den wertvollen Mageninhalt durch andere Körperöffnungen von sich zu geben.

Doch der hatte die Rechnung ohne mich gemacht! Ich zog zur Sicherheit Gummihandschuhe aus meinem Wiesn-Rucksack, streifte vorsichtshalber gleich zwei Paar über und trat an den Tisch. Dort setzte ich meinen kompromisslosesten Blick auf und blieb so lange stehen, bis der Bierkrug-Pinkler verstand, was Sache war. Falls er gedacht hatte, ich würde die Krüge für ihn entsorgen, hatte er sich gründlich geirrt. Ich blieb an seiner Seite, bis er sie in unserem Ablauf entleert und in unsere Glastonne gebracht hatte.

Wer jetzt Sorge hat, die Lippen je wieder an einen Krug zu führen: Natürlich wurden die kontaminierten Gläser weggeschmissen. Das sollte allerdings jenen zu denken geben, die auf die glorreiche Idee kommen, Krüge aus dem Müll zu entwenden.

Schattenseiten

So witzig ein Schwips oder auch ein einmaliger Rausch sein kann: Verharmlosen darf man Alkohol nicht. Über drei Millionen Menschen sind allein in Deutschland alkoholkrank, für sie bedeutet es eine immense Anstrengung, nicht in die Abwärtsspirale ihrer Sucht zu geraten. Fast acht Millionen riskieren ihre Gesundheit durch exzessives Trinken.

Ja, wir passen auf unsere Leute auf, insbesondere auf die Jugendlichen. Doch vormachen brauch ich mir nichts. Alkohol kriegt man an jeder Ecke, nicht nur auf der Wiesn.

Erschreckend und manchmal leider auch beängstigend wird es, wenn Alkohol die Aggressivität fördert. Besonders, wenn die Wiesn sich so richtig füllt, die Leute Rücken an Rücken stehen und der Lärm- sowie der Geruchspegel ins Unangenehme driften. Dann macht sich eine gewisse Anspannung unter den Gästen breit. Wehe, einer muss ganze drei Minuten auf sein Bier warten. So mancher aktiviert gleich eine extra Portion Testosteron, verschafft sich nur

Sichere Wiesn

So nennt sich die Aktion, die, unterstützt vom Münchner Gesundheitsreferat, das Sicherheitsgefühl auf dem Oktoberfest erhöhen will und Betroffenen direkt Hilfe leistet. Durch die Präsenz auf dem Festgelände sollen Gäste wie Arbeitende darin gestärkt werden, Zivilcourage zu zeigen. Ob sexuelle Übergriffe, Gewalt wie auch die Verabreichung von K.-o. -Tropfen: Viel Schlimmes kann verhindert werden, wenn andere Menschen die Anzeichen nicht ignorieren, im Ernstfall einschreiten oder Hilfe in Gestalt der Security und Wiesn-Polizei holen.

Auf der Webseite https://sicherewiesn.de/wordpress/ finden sich zahlreiche Tipps für einen sicheren Wiesn-Besuch bis hin zur Vermittlung eines Fahrdiensts für Mädchen und Frauen.

Zwischen der Bavaria und der Rückseite des Schottenhamel-Zelts befindet sich der Safe Space im Servicezentrum, wo Betroffene, die sexuelle Belästigung, Nötigung oder Vergewaltigung erfahren haben, durch erfahrene Psychologinnen und Sozialpädagoginnen beraten und betreut werden. Auch Menschen, die Zeugen von Übergriffen werden, finden hier eine Anlaufstelle.

noch schreiend Gehör, und wenn man gerade mit einer ganzen Ladung Bier vorbeihetzt, wird einem schon mal das Bein gestellt oder man bekommt eine fiese Bemerkung bis hin zum Frust eines ganzen Lebens ab. Größtenteils prallt das von mir ab. Wie pflegte meine Mama immer zu sagen: »Frei nach Meister Eder – es muas a Bläde gem, aber es werden immer mera!«

Doch wenn ich mitkriege, wie jemand seine Begleitung niedermacht und auch noch Gewalt in der Luft hängt, kann ich meine Klappe nicht halten und will es auch nicht.

Seltsamerweise ist es oft die Frau, für die man eingestanden ist, die dann auf einen losgeht. Weise Zungen sagen, man solle sich nicht einmischen, wenn zwei unter einer Decke schlafen. Ich tu's trotzdem und verweise auf den Frauennotruf und den Safe Space hinterm Schottenhamel-Zelt, der vor über 20 Jahren nach dem Motto »I mog a Gaudi, koa Gfrett!« ins Leben gerufen wurde. Traurig, dass wir so etwas brauchen. Aber Übergriffe passieren eben auch auf der Wiesn, und es ist gut und immens wichtig, dass diese Anlaufstelle existiert.

Die Goldene Regel

Die oberste Regel für Gäste wie auch uns Bedienungen und andere auf der Wiesn Arbeitende lautet:

Nirgends allein hingehen, mindestens zu zweit sein, möglichst in Sichtweite anderer Menschen bleiben.

Das klappt leider nicht immer.

Früher, als die Oide Wiesn noch nicht vom übrigen Festgelände abgetrennt war, befanden sich auf dem Gelände hinter dem Riesenrad die Parkplätze, die von der Stadt für uns Wiesn-Beschäftigte vergeben wurden. Kein besonders heimeliges Gelände, dort parkten auch Busse und Lkw, die die Sicht versperrten, es war dunkel und weitab vom Schuss. Selbstredend gingen wir nur als Gruppe zum Wagen, meine Mama war damals auch mit dabei.

Eines Abends hatte ich mich gerade hinters Steuer gesetzt, als auch schon ein Drumm von Mann auf uns zutorkelte. Nach der langen Schicht wollten wir alle nur noch nach Hause, also fuhr ich langsam an, in der Hoffnung, dass er aus dem Weg ging. Weit kam ich nicht, denn der Kerl schob sich direkt vor meinen Wagen, wankte noch kurz und ließ sich dann mit seinem ganzen Gewicht auf die Motorhaube fallen. Da saßen wir also, starrten durch die Windschutzscheibe, die Aussicht versperrt von seinem mächtigen Gesäß. Jedes Hupen quittierte er links und rechts mit dem Zeigen des Stinkefingers.

So langsam riss mir der Geduldsfaden, derbe Flüche kamen über meine Lippen. Ich drückte wieder sinnlos auf die Hupe, doch meine Mama hatte offenbar andere Ambitionen.

»Des konns doch ned sei, oder? Wia bläd is ma denn«, murmelte sie und stieg kurz entschlossen aus dem Wagen.

Im nächsten Moment blieb mir das Herz stehen, denn der Kerl holte doch tatsächlich aus und haute meiner Mama eine runter. Bevor ich aus dem Wagen springen konnte, kamen zwei Busfahrer angelaufen und griffen ein. Meine Mama richtete ihre Brille, die etwas lädiert war, stieg wieder ein und meinte bloß: »Fahr hoam.«

An diesem Abend wollten wir die hässliche Szene nur noch vergessen. Doch wie das so ist, hat sie sich in meinem Gedächtnis eingegraben. Mit Alkohol-Aggressiven ist definitiv nicht zu spaßen. Da hilft nur, aufeinander achtzugeben. Einzuschreiten, wenn's brenzlig wird. Und was die Mama angeht: die Kindersicherung für den Beifahrersitz zu aktivieren.

Im Auge des Terrors

Mein Papa kam nur selten auf die Wiesn, und das hatte einen Grund. Freitag, der 26. September 1980, 22 Uhr war längst vorbei. Mein Vater wollte die Mami abholen und war gerade auf dem Weg von der S-Bahn-Station Hackerbrücke zur Theresienwiese, als er einen lauten Knall hörte. Stark beunruhigt war er nicht. Vielleicht hatte mal wieder ein Flugzeug die Schallmauer durchbrochen, das kam in jener Zeit häufig vor. Oder eine Straßenbahn war irgendwo in der Nähe entgleist. Irgendwas war halt immer.

Doch als er das Festgelände erreichte, war nichts mehr wie immer. Um den Haupteingang herum glich die Szenerie einem Blutbad. Über zweihundert Menschen, teils schwer verletzt. Dazwischen Leichname, ein einziger Horror. Hundert Meter weiter feierten die Leute, sie hatten nicht mitbekommen, was passiert war. Und ahnten nicht, welches Glück sie gehabt hatten. So auch mein Papa. Fünf Minuten früher, und er wäre mittendrin gewesen, als die Bombe des Rechtsextremisten Gundolf Köhler zündete.

Niemand wusste in diesen ersten Minuten, wie es zur Explosion gekommen war. Meinen Vater packte die Angst um seine Frau. Er rannte zum Schottenhamel, dem Zelt, in dem die Mama damals bediente. Wie groß seine Erleichterung gewesen sein muss, sie in bester Gesundheit vorzufinden! Sie hingegen erschrak, als sie ihn sah, denn der Papa war käseweiß im Gesicht.

»Wir gehen in der anderen Richtung raus und nicht vorne«, sagte er nur. Da erfuhr auch sie, was geschehen war.

Meinen Vater sollte die Tragödie auf immer prägen. Zeuge von solchem Leid zu werden, das vergisst man nicht. Seither blieb er lieber daheim und fuhr nur am letzten Sonntag mit uns Kindern rein. Die Angst um die Mama und später auch um mich und die anderen Mitglieder unserer Familie hat ihn nie verlassen.

Das verheerende Attentat nahe dem Haupteingang zur Festwiese fand am 26.09.1980 statt und gilt als schwerster Terroranschlag in der Geschichte der Bundesrepublik Deutschland. Zwölf Opfer starben, 221 Menschen wurden verletzt, zum Teil schwer. Der Täter Gundolf Köhler starb während des Anschlags, er wurde sowohl von Augenzeugen als auch aufgrund von rechtsmedizinischen Untersuchungen zweifelsfrei identifiziert. Die genauen Tathintergründe wie auch eine mögliche Mittäterschaft konnten nie wirklich geklärt werden. Die Ermittler gingen anfangs von einer Tat eines unpolitischen Einzeltäters aus. Wieder aufgenommene Ermittlungen führten allerdings zu der Erkenntnis, dass es sich um einen rechtsextremen Terrorakt handelte – den schwersten in der Geschichte der Bundesrepublik Deutschland. Tiefe Einblicke gibt *Der blinde Fleck*, ein Film über den Journalisten Ulrich Chaussy, der sich intensiv mit dem Attentat befasste.

Seit dem 40. Jahrestag des Attentats kann die Dokumentation am Haupteingang der Wiesn am Bavariaring besichtigt werden.

Das dort aufgestellte Denkmal trägt das biblische Zitat:

Suche den Frieden und jage ihm nach.
(Psalm 34, 15)

115

9/11

Als das Oktoberfest-Attentat geschah, war ich noch klein und bekam so gut wie nichts davon mit. Ganz anders 2001. Die Terroranschläge auf das World Trade Center am Dienstag, den 11. September legten sich wie ein Schatten über die Wiesn. Anfangs war völlig unklar, ob die Terroristengruppen weitere Ziele im Visier hatten. Die Angst ging um, Menschenansammlungen wurden gemieden, wo war man noch sicher?

Lange wurde diskutiert, ob das größte Volksfest der Welt überhaupt stattfinden sollte. Millionen von Menschen auf engstem Raum – wer sollte deren Sicherheit garantieren? Und: Nach allem, was in den USA geschehen war – konnte, ja, durfte man da überhaupt noch ausgelassen feiern? Sollte man nicht viel eher Solidarität zeigen? Immer mehr Stimmen wurden laut, die zu einer Absage drängten. Aber hieße das nicht, die Angst regieren, die Terroristen gewinnen zu lassen?, hielten andere dagegen.

Natürlich gab es klare wirtschaftliche Erwägungen. Vom Wurfbudenbesitzer bis zur Breznverkäuferin, vom Taxler bis zur Hotelchefin: Sie alle waren und sind großenteils auf die Einnahmen aus dem Oktoberfest angewiesen. Und dazu die Monate des Aufbaus …

Während im Hintergrund die Sicherheitskräfte mit Hochdruck alles dafür taten, die Wiesn sicherer zu machen, Überwachungskameras installierten und einen Zaun hochzogen, herrschte in meiner erweiterten Familie ein mulmiges Gefühl, als wir uns am Donnerstag vor Wiesnbeginn zur Einschreibung trafen. Noch war fraglich, ob das Oktoberfest tatsächlich wie geplant stattfinden konnte. Neben der möglichen Terrorgefahr gab es eben auch die Trittbrettfahrer, von denen einige die Wiesn im Visier hatten. Was, wenn eine Terrordrohung eine Massenpanik auslöste? Ich hätte jedenfalls nicht in der Haut der Verantwortlichen stecken wollen.

Einen Tag später entschied der Stadtrat München: Die Wiesn findet statt!

Anfangs hatten wir keine Ahnung, was uns erwartete. Gleich am ersten Tag gab's Polizeikontrollen mit und ohne Leibesvisitation. Die hohe Polizeipräsenz auf den Festgelände verstärkte zwar das Gefühl von Sicherheit, andererseits aber führte sie uns ständig vor Augen, dass die Gefahr real war. Praktisch jeden Moment konnte etwas passieren. Und dann?

Dass wir Bedienungen uns in unserer Haut trotz allem wohlfühlten, hatten wir vor allem unserer Truppe und unseren lieben Gästen zu verdanken.

Tatsächlich wurde es eine richtig schöne Wiesn. Es war weniger los, und an jeder Ecke war zu spüren, dass die Menschen aufeinander aufpassten: Gäste, Bedienungen. All meine Stammgäste kamen, und alle waren sie froh, dass wir da waren und dem Terror trotzten.

Für mich war das eine der stärksten Antworten auf den Terrorismus: die Besinnung auf die Mitmenschlichkeit, die spürbar in den Vordergrund rückte.

Die Corona-Wiesn

Seit über zweihundert Jahren ist die Wiesn eine feste Konstante, man könnte sie als Institution quasi heiligsprechen. Kriege, Cholera und Inflation haben ab und an dafür gesorgt, dass sie abgesagt werden musste. Das waren Extremfälle, die Ausnahme von der Regel. Direkt nach dem Zweiten Weltkrieg wurde ein kleines Herbstfest gefeiert, doch danach, da konnten weder das Attentat 1980 noch der Terror ihr etwas anhaben. Bis ein mikroskopisch kleiner Spielverderber auf den Plan trat, den Leuten ans Eingemachte ging und der Wiesn den Garaus machte.

Als im Februar 2020 unser erstes Anschreiben kam, lief in Sachen Vorglühen bei uns alles wie gehabt: die Aufregung, die Freude, das Kreischen auf WhatsApp. Urlaub war längst beantragt, der Countdown war in unseren Köpfen präsent. Die Nachrichten vom Virus? Ja, die kriegten wir auch mit, aber irgendwie redete man sich ja noch ein, das Virus würde an den Grenzen haltmachen, sei vielleicht gar nicht so schlimm. Als die Infektionszahlen stiegen, wurden auch wir unsicher. Und trotzdem: Sich vorstellen, dass die Wiesn nicht stattfinden würde, das konnte niemand. Das wollte vor allem niemand.

Doch die Realität sah nun mal anders aus. Schunkeln mit Sicherheitsabstand? Maß und Maske? Kein Gesang? Eineinhalb Meter Platz zwischen den Gästen auf den Bierbänken? Undenkbar. Am 21.04. war klar: Die Wiesn 2020 wurde abgesagt. Wir erfuhren es aus den Medien, einen Tag später kam die Absage per Mail. Ich saß da, starrte auf die Buchstaben und konnte es kaum fassen.

Es war ein schwerer Schlag für alle Beteiligten, von den Schaustellern, die ihren Lebensunterhalt auf dem Oktoberfest bestreiten, über all die Bedienungen, die Köche und Küchenhilfen, die Verkäuferinnen und Verkäufer bis hin zu den Menschen in der Peripherie: den Taxlern, den Trachtenläden, Hotels, Brauereien, Restaurants … Und das sind bloß diejenigen, die einem gleich als Erstes einfallen. Kaum vorstellbar, welch ein Apparat hinter der Organisation, dem Aufbau, der Durchführung eines Volksfests in der Größenordnung steckt.

Mir wie auch vielen anderen ging es nicht ums Geld. Es ging um dieses Vakuum, das die Absage erzeugte. Die Lieblingsmenschen, die man lange Zeit nicht wiedersehen würde. Unsere Gäste, viele Stammgäste noch von der Mama waren ja schon älter. Da regte sich Sorge in einem, wie es ihnen wohl erging.

Die Wiesn macht ja philosophisch, wie sich immer wieder zeigt. Wenn man an einer Sache nichts ändern kann, hilft's ja nix, dann kann man sie nur fürs Erste akzeptieren. Auch wenn uns das Herz blutete, weil abgesagt wurde, gab es keine Alternative. Was blieb, war die Hoffnung aufs nächste Jahr.

Im darauffolgenden Spätwinter kam wieder das ersehnte Anschreiben. Ob die Wiesn 2021 überhaupt würde stattfinden können, war zu dem Zeitpunkt niemandem klar. Doch um ihr auch nur eine Chance zu geben, musste die ganze Organisation wie gewohnt anlaufen. Entsprechend vorsichtig waren wir: Wir hofften zwar, aber so ganz erlaubten wir der Vorfreude nicht, sich in uns breitzumachen. Als Anfang Mai 2021 erneut die Absage kam, war die Enttäuschung trotzdem riesig. Und wieder trieb uns die Frage um, wie es wohl unseren Stammgästen ging …

Zum Glück ging's 2022 weiter – und es wurde eine meiner schönsten Wiesn. Schluss mit dem elenden Vermissen! Alles war wieder da: der Duft in der Luft, die Kolleginnen und Kollegen, die Gäste. Endlich!

Unsere lieben Freunde und Helfer

Wer glaubt, Polizisten wären humorlos und schlimmer als jeder Bürokrat, der kennt unsere Wiesn-Polizei nicht. Mit schrägem Humor und Einsatzwillen stehen sie in Formation, halten die Stellung oder mischen sich unters Volk. Während am Morgen der Job noch relativ beschaulich ist und Konflikte eher von den Kindergartenkindern am Karussell ausgehen, die darum streiten, wer jetzt im Feuerwehrauto die Glocke läuten darf, gleicht der Einsatz am berüchtigten mittleren Wochenende eher dem von Ersthelfern in Katastrophengebieten.

Nutzer von X (vormals Twitter) können sich unter @Polizei-Muenchen und dem Hashtag #wiesnschmankerl einen Eindruck verschaffen,was aus Sicht der Wiesn-Wache gerade so läuft. Grundkenntnisse des Bayerischen sind dabei durchaus von Vorteil. Auch die Feuerwehr ist umtriebig und zeigt auf der Wiesn Präsenz – neben all den Rettungskräften, die sich, mit Trillerpfeifen und Notfalltragen bewaffnet, einen Weg in die Eingeweide der Wiesn erkämpfen.

Hashtags:
#wiesnwache
#unserwiesn112
#sicherewiesn
#wiesnschmankerl

Tatsächlich ist die Feuerwehr auch mal im Augustiner-Zelt angerückt. Die Szenerie: Schönstes Wetter, der Biergarten mehr als voll, im Hintergrund Sirenengeheul, das sich beständig nähert.

Jetzt ist Sirenengeheul auf der Wiesn nichts so Außergewöhnliches, dass wir in Angst und Schrecken verfallen wären. Etwas anders wurde uns dann aber schon, als mit einem Mal hinterm Biergarten ein riesiges Feuerwehrauto parkte, die Leiter ausfuhr und eine gefühlte Hundertschaft Feuerwehrleute in voller Montur anrückte.

Da kam auch schon unser Kellner vom Balkon herausgestürmt und meinte, sie würden die Galerie räumen. Passend zu seiner Ansage sahen wir, wie oben Rauch aus dem Zelt drang.

Ein Großbrand im Festzelt ist nicht unbedingt das, was man erleben will, weder als Gast noch als Feuerwehrmensch und auch nicht als Bedienung. Im Wort Massenpanik stecken die Massen, und die waren an dem Tag reichlich vor Ort. Zum Glück und sicher auch dank der Sicherheitsleute blieben die Gäste ruhig. Ich würde mal die Behauptung in den Raum stellen, dass nicht mal alle was von der fieberhaften Suche nach einem möglichen Brandherd mitkriegten. Das Gros hockte weiter auf den Bänken und ließ sich Maß und Hendl schmecken. Hendl waren es auch, die für die Rauchentwicklung gesorgt hatten: Offenbar war, wie auch immer, der Rauch vom Grill vermehrt ins Zelt gedrungen.

Polizei wie Feuerwehr werden zur Wiesn-Zeit übrigens tatkräftig aus dem europäischen Ausland unterstützt. Man munkelt, dass die Polizeiuniformen der Heimat einen hemmenden Effekt auf internationale Kleinkriminelle haben. Immerhin kommen die Gefassten dann gleich in den Genuss eines Übersetzers.

Beneiden tu ich die Sicherheitskräfte nicht um ihren Job. Die eine Maß zu viel, der eine Gast, der einem nachstellt; Schlägereien, Messerstechereien, Übergriffe, Bedrohungen jeglicher Art: Wir auf der Wiesn sind heilfroh und dankbar für die Security und unsere Polizistinnen und Polizisten, die aufpassen, deeskalieren und immer ein Auge auf uns haben. So wie wir ein Auge aufeinander und auf unsere Gäste haben.

Und darum geht es ja im Leben, ob man gerade feiert oder nicht: aufeinander achten. Füreinander da sein. Wir alle. Dann ist die Welt gleich nicht mehr so »dark«.

Kapitel 7

Die Wiesn-Mama

Working Moms

Glücklich die Mutter, die einen Bierbrauer zur Welt bringt, heißt es so schön. Als ich meinen Sohn zur Welt brachte, war das einer der allerallerglücklichsten Tage in meinem Leben – auch wenn er letztlich dann doch kein Bierbrauer geworden ist. Ich mag eh lieber Wein, das bleibt aber unter uns.

Trotz aller Freude spürte ich tief in mir den Ruf der Wiesn, lauter als jedes Babygeschrei. Das hatte zur Folge, dass ich mir einbildete, ich könnte meinen zweimonatigen Sohn tatsächlich 16 Tage meinem Mann überlassen und mich vom Acker machen. Eingeweihte wissen, wie die Geschichte weiterging: Ich blieb daheim.

Als ich heulend meine Mama anrief und ihr gestand, dass ich es nicht übers Herz brächte, meinte sie bloß: »Des foit da jetzt ei!«

Recht hatte sie, meine Absage kam auf den letzten Drücker. Aber die Mama hatte Verständnis: »Is scho klar, Margarete, er is ja no so kloa!«

Die Mama also. Heute bin ich überzeugt, dass ihre Superkraft – nämlich trotz der harten Arbeit immer voller Liebe für uns Kinder da zu sein – daher rührte, dass sie wenigstens einmal im Jahr ein bisschen Zeit für sich selbst abzwackte. Und zwar nicht zulasten ihrer kostbaren Freizeit, sondern praktischerweise beim Arbeiten auf der Wiesn.

Psychologen haben's rausgefunden, sie hätten auch uns Wiesn-Bedienungen fragen können: Glückliche Mütter sind gute Mütter. Mit Mamas Vorbild vor Augen, beschloss ich deshalb, ein Jahr später wieder im Biergarten anzutreten.

Selbstfürsorge auf Münchnerisch

Die Wiesn ist nicht bloß mein Wohlfühlort, sie ist auch Stätte der Selbstfürsorge.

Bewegung? Check.

Frische Luft? Check.

Qualitätszeit mit Freundinnen und Freunden? Check.

Und was die Gesundheit angeht? Check. Wobei ich das vielleicht ausführen sollte, da die Wiesn nicht unbedingt als Heilstätte bekannt ist.

Wenn's so richtig zwickt, braucht man einen Arzt, um wieder gesund zu werden. Studien unter uns Bedienungen haben jedoch ergeben: Zur Wiesn-Zeit besteht akuter Ärztemangel in ganz München und Umgebung. In den Notaufnahmen kann es schon mal hoch hergehen, die erwecken besonders am berüchtigten mittleren Wochenende eher den Eindruck von Afterpartys.

Aber das ist nicht das wahre Problem. Das wahre Problem sitzt nämlich wie festgepappt bei uns in den Biergärten, in Lederhose oder Dirndl statt Arztkittel. Jetzt ist der Belag auf Bierbänken alles, aber kein Sekundenkleber. Rein theoretisch wären unsere Menschenretter in Zivil durchaus in der Lage, aufzustehen und ihrem Tagwerk nachzugehen. Aber wer will das schon, wenn die Sonne scheint, das Bier kühl und malzig ist und ringsum lauter bekannte

Gesichter auftauchen, die man eben auch als Gast das Jahr über nicht gesehen hat.

Ich behaupte jetzt mal: Glückliche Ärzte sind gute Ärzte. Und dass sie das sind, haben wir Bedienungen schon am eigenen Leib erfahren.

Es geschah an einem sonnigen Montagmorgen. Wie immer brachten wir unseren Service auf Vordermann, als meine liebe Kollegin Christine auf einmal laut »Au!« rief.

Ich drehte mich zu ihr um und fragte bestürzt, was denn los sei.

»Ich hab mir irgendwas verrissen«, sagte sie und fasste sich ins Kreuz. Die Arme verzog das Gesicht, und es war klar, dass sie sich nur schwer und unter Schmerzen bewegen konnte. Was tun?

Zum Glück gibt es auf der Wiesn den »Behördenhof«, sprich: das Servicezentrum Theresienwiese, wo Erste Hilfe geleistet wird. So manche Bedienung wurde dort schon eingerenkt oder anderweitig versorgt, ich selbst mit eingeschlossen, doch leider jedoch war um die Uhrzeit noch niemand da. Also konnten wir nichts anderes tun, als abzuwarten und dafür zu sorgen, dass die Christine sich schonte.

Da kam doch glatt der Karl vorbei, mein lieber Stammgast, der sich mit ein paar Freunden zum Frühschoppen auf eine Maß und eine Weißwurst treffen wollte. Da er fachlich absolut kompetent und obendrein lizensiert ist, erzählte ich ihm, was meiner Kollegin passiert war.

»Leg dich mal auf den Biertisch da vorn«, meinte er bloß.

Meine Kollegin tat wie geheißen, und schon legte er los, mein Stammgast. Wie ein Shaolin-Mönch stieg er auf ihr herum und traktierte ihren Körper, dass einem als Zuschauer ganz anders wurde. Man muss dazu sagen, dass der liebe Karl nicht gerade zierlich ist.

»Das kann nicht gut gehen«, murmelten wir hinter vorgehaltener Hand.

Doch nach einem ordentlichen Knacksen war unsere Christine wie ausgewechselt und flitzte wieder schmerz- und beschwerdefrei durch die Gänge.

Um jetzt kein schlechtes Licht auf unsere heilkundigen Gäste zu werfen: Natürlich arbeiten sie während der Wiesn auch hin und wieder in ihren Praxen. Davon konnten wir uns eines Morgens selbst überzeugen, als Christine plötzlich flügellahm war.

»Ich kann mich absolut nicht rühren, ich krieg meinen rechten Arm nicht hoch!« Eine Katastrophe für uns Bedienungen.

Was tun? Für den »Behördenhof« war es mal wieder zu früh am Tag. Ein Blick in den Himmel versprach bestes Biergartenwetter, und unser Retter in der Not ließ sich an diesem Morgen auch nicht blicken.

Wenn der Berg nicht zum Propheten kommt …

Nach einem Okay unserer Geschäftsführung machten wir uns auf den Weg in die Innenstadt.

»Wos macht's denn ihr da, die Sonne scheint, ihr miast's arbadn!«, rief unser Karl, als er Christine und mich in voller Wiesn-Montur im Eingangsbereich seiner Praxis erblickte.

Schnell erklärten wir ihm die Situation, und schon ging's rein in den Behandlungsraum. Nach einer gründlichen Untersuchung, einer Spritze und ein bisschen Physio konnten wir zurück in unseren Stall. Einfach genial, wenn man liebe, nette Menschen kennt!

Zurück zur Selbstfürsorge. Die ist ja bekanntlich notwendig, um eine gute Mutter zu sein.

Zum Glück gibt's bei mir daheim auch einen guten Papa, der die 16 Tage mit seinem Sohn sichtlich genießt. Als unser Zwerg ein Jahr und zwei Monate alt war, wagte ich mich zurück aufs Wiesn-Terrain. Natürlich vermisste ich den Kleinen, und wie! Aber viel

Zeit blieb mir dafür nicht, der ganz normale Wahnsinn nahm mich gefangen. Wann immer ich mal eine Minute verschnaufen konnte, holte ich mein Handy hervor, schaute Fotos und zeigte sie voller Stolz meinen Stammgästen. Natürlich hatte ich auch die Voicemails im Blick. Regelmäßig hinterließ mein Mann mir Nachrichten, und manchmal plapperte auch unser Zwerg drauflos.

Man stelle sich vor: Ich, an der Schänke lehnend, der Blick schweift kurz über die Gäste. Schon wandert die rechte Hand unter die Schürze, holt das Handy hervor, führt es ans Ohr. Intensivste Gefühle spiegeln sich auf meinem Gesicht, die ganze Palette würde selbst oscarprämierte Schauspielerinnen neidisch machen: unbändige Freude – seliges Grinsen – tiefste Liebe – schmerzliche Sehnsucht – Lachen – Tränen der Rührung. Und das alles zu folgendem Dialog:

PETER: Hallo, Schatz, der Wurli und ich sind auf dem Weg zum Einkaufen. Leider müssen wir aber vorher noch was erledigen! Hm, Wurli?
SOHNEMANN: *(Zustimmendes Brabbeln)*
PETER: Wir müssen noch mal in den Sanitärbereich, und zwar dringend. Wurli, sag, was hast g'macht?
SOHNEMANN: Hose g'sissen!

Selten hat man so viel Freude einer Mama über eine volle Windel gesehen …

Hin und wieder tauchten die beiden mittags bei mir auf. Aber mein Mann ist lernfähig, wie damals mein Papa, und lässt mich überwiegend auf der Wiesn in Ruhe. Weil die Mama halt auch mal ihren Raum braucht. Weil er weiß, wie das ist, wenn man arbeiten muss. Und wie's einen zerreißt, wenn man sein Kind sieht und keine Zeit für es hat. Ein Gefühl, das die meisten Working Moms kennen, da bin ich mir sicher.

Ganz schlimm war's, als die Schule während der Wiesn bei mir anrief. Offenbar hatte sich bei ihnen noch nicht herumgesprochen, dass ich mamatechnisch gerade außer Dienst war. Jedenfalls meinte seine Lehrerin, sie sei der Ansicht, dass unser Sohn, der gerade erst eingeschult worden war, zurückgestuft werden solle. Er würde das Lernpensum nicht schaffen.

Das Gefühl war einfach schrecklich. Ich wusste genau, dass unser Zwerg ein schlauer Bursche war. Er wollte ja auch in die Schule gehen. Und statt für ihn kämpfen zu können, ein Gespräch zu suchen und vielleicht einfach mal klar und deutlich meine Meinung zu sagen, hatte ich einen Arbeitsvertrag zu erfüllen. Dieses Gefühl, außen vor zu sein, nicht für mein Kind einstehen zu können, war brutal. An dem Tag war ich zu nichts mehr zu gebrauchen. Das merkte auch ein Stammgast, mein lieber Anwalt nämlich.

»Wos is los?«, fragte er, doch ich winkte bloß ab. Er ließ nicht locker. »Wos kon i doa?«

Irgendwann meinte ich niedergeschlagen: »Da heiffa bloß fünf Kilo Schokolad.«

Am nächsten Morgen, als wir gerade alles für unsere Gäste vorbereiteten, schaute er rasch vorbei. Mit Schokolade, in allen leckeren Variationen. Da war er extra von außerhalb mit dem Motorrad reingefahren, um mir eine Freude zu machen!

Ich sag's ja. Die Wiesn hat eine helle Seite, eine bunte, ab und an eine dunkle – und eine herzerwärmende mit dazu.

Und was meinen Sohn angeht: Da hat die Mama mal wieder richtig gelegen er ist definitiv ein schlauer Kerl und geht seinen Weg.

Übrigens: Bis heute bin ich überzeugt, dass es der Beziehung meiner beiden Männer gutgetan hat, diese 16 Tage im Jahr ohne mich zu verbringen. Wobei das wirklich ein großes Glück ist, so eine Familie zu haben.

Nachdem mein Papa immer am letzten Wiesn-Sonntag mit uns Kindern nach München reinfuhr und die ganze Familie samt Kindern und Kindeskindern sich auf dem Oktoberfest traf, ist daraus eine Tradition geworden, die mein Mann, mein Sohn und all die Nichten, Neffen, Cousinen, Cousins fortgeführt haben. Es ist jedes Mal ein Riesenfamilienfest, an dem inzwischen auch unsere Stammgäste mitsamt ihrem Nachwuchs teilnehmen. Da sitzt dann der Sohn oder die Tochter vom Karl mittendrin, und die anderen rücken zusammen, damit für noch mehr Leute Platz ist. Auch wenn einige der erwachsenen Kinder der Gäste längst in anderen Städten leben, treffen sie sich am letzten Wiesn-Sonntag doch alle bei mir.

Mama für alles

Machen wir mit unseren Gästen weiter, auch sie brauchen mal eine Mama.

Für alle, die Quiz lieben: Was fragen die Gäste uns Wiesn-Bedienungen wohl am häufigsten?

1. Habt ihr noch einen Platz frei? – Leider falsch.
2. Was kostet die Maß denn dieses Jahr? – Leider falsch.
3. Gibt's ein Radler? – Leider auch falsch.

Kleiner Tipp:
Es ist herrliches Wetter, Bier, Wasser, Schorle fließen in Strömen die Kehle hinunter. Es wird getanzt, geschwitzt, es kommt zu Flüssigkeitsverlust, aber nicht genug. Na?

Richtig. Die meistgestellte Frage lautet: »Wo is'n das Klo?«

Die existenziellste aller Fragen kommt natürlich in Variationen und verschiedenen Dialekten daher. Vom gepflegten »Wo finde ich denn bitte die Toilette?« bis hin zu »Zenzi, wo konn i denn hibieseln?« ist so ziemlich alles dabei. Unsere Standardantwort: »Hinterm Zelt links.« Der Eile geschuldet, meist sind wir ja beim Umherrennen, doch zu kurz gedacht. Denn linksherum gelangt man zwar irgendwann definitiv zu den Toiletten, aber je nachdem, wo die Gäste einen abfangen, kommt erst mal das Holzfasslager. Da heißt es dann, die Leute schnell auf den rechten Weg zu bringen. Manch einer enttarnt sich auch gleich als Wildbiesler. Wie die Kinder halt. Wie auch der Gast, der nach dem Klo fragte und dann wissen wollte, ob da auch eine Wiese ist …

Wenn man hundertfach pro Tag immer dasselbe gefragt wird, reicht's auch mal, da kann man's nicht mehr hören. Meine Schwester meinte einmal: »Da braucht's a Schild.« Woraufhin ich den Kellnerblock zur Hand nahm, eine kurze Wegbeschreibung zeichnete mit dem Hinweis: *00 – hinten links* und das Ganze hinten an ihre Jacke heftete. Wenn wieder einer fragte, hab ich einfach nur meine Schwester herumgedreht und draufgedeutet.

Wobei die Leute die Frage eigentlich gar nicht mehr stellen müssen. Wir sehen sie ihnen an. Die leicht verkniffene Miene, die Dringlichkeit … Da müssen sie gar nicht den Mund aufmachen, und wir sagen schon: »Hinterm Zelt links.« Lustig wird's, wenn sie etwas völlig anderes wissen wollen. Irren ist halt menschlich. Einmal setzte eine nette junge Dame zur Frage an, als Tini und ich auch schon wie aus der Pistole geschossen sagten: »Hinterm Zelt links!«

Verblüfft sah sie uns an. »Da ist ein Geldautomat?«

Tini und ich brachen prompt in Gelächter aus, erbarmten uns dann aber und zeigten ihr den richtigen Weg.

Unsere Stammgäste haben ihre Augen und Ohren natürlich überall. An manchen Tagen, wenn die Frage aller Fragen förmlich auf uns niederprasselt, tönt es dann plötzlich aus dem Wohnzimmer: »Du, Maggy, i muas di moi was frong!« So ist »Hinterm Zelt links!« längst zum Running Gag geworden.

Die Gäste-Mamas

An sonnigen Tagen kommen die Familien mit ihren Buggys vorbei, die natürlich auch irgendwo geparkt werden müssen, und man merkt den Eltern an, dass sie schon so einiges hinter sich haben: die Rutschen, die Karussells für die Kleinen, die Los- und Wurfbuden ... Entsprechend groß sind der Durst und das Bedürfnis nach Erholung.

Mit den Zwergen auf dem Schoß ist Erholung immer so eine Sache. Den Kindern wird schnell langweilig, sie sind meist viel zu aufgeregt von all dem, was sie erlebt haben, und können einfach nicht stillsitzen. Dann turnen sie auf dem Schoß der Gäste-Mamas und -Papas herum, die durchaus froh sind, wenn eine Wiesn-Mama um die Ecke kommt und Abhilfe schafft.

In meinem Geschirr trage ich Gummibärlis mit mir rum, die Tütchen beschäftigen die Kinder dann schon mal eine Weile. Und wenn man die Gäste besser kennt, sie einverstanden sind und die Kinder einem vertrauen, fragen wir auch mal: »Magst mitgehen und schauen, wo die Hendl herkommen?«

Und schon nehmen wir die Zwerge an die Hand und gehen zusammen strawanzen. Ich zeige ihnen das Zelt, die Essensausgabe, manchmal ist auch ein Ausflug zu unseren lieben Breznfrauen drin. Derweil übernimmt eine Kollegin den Service, und die Eltern sind froh, wenn sie das Essen genießen können, ohne dass auf ihrem Schoß herumgeturnt wird. Wenn wir zurückkommen, ist die beiderseitige Freude groß, und die Kleinen erzählen stolz von all dem, was sie gesehen haben. Manchmal gab es auch ein kleines Herzl vom Stand um die Ecke, das zeigen sie dann besonders stolz her. Solche kleinen Begegnungen wärmen das Herz, und sie zeigen auch, was für ein eingespieltes Team wir alle sind: von den Kolleginnen und Kollegen zu den lieben Breznfrauen bis zur Susanne vom Herzl-Stand, die auch uns und unsere Kinder gern verwöhnt.

Auf den Hund gekommen

Inzwischen bin ich stolze Besitzerin eines Glubberls mit der Aufschrift *Wiesn-Mama*. Das habe ich von der Family geschenkt bekommen – unter anderem wegen der Sache mit den Welpen. Wer jetzt an putzige Hunde denkt, die überall herumspringen, noch nicht stubenrein sind und alles anbeißen: Nun ja.

An einem supersonnigen Tag mitten in der Woche stieß eine Gruppe von fünf oder sechs jungen Männern zu uns in den Biergarten. Allesamt nicht viel älter als mein Sohn, durch die Bank fesch und traditionell in schöne Lederhosen und feinsten Loden gekleidet. Einer lüftete den Hut, fragte vorbildlich, wo sie sich denn hinsetzen dürften, und da bei mir noch ein Tisch frei war, landeten sie in meinen Servicebereich.

Die ganze Gruppe fiel mir allein schon dadurch auf, dass alle so freundlich und höflich waren – wertschätzend nennt man's heut. Zwischen den einzelnen Runden kamen wir ins Gespräch. Natürlich zog ich ein paar Riegel Schokolade aus einer meiner Taschen, was die Laune noch mehr hob. Es machte einfach Spaß, den Buam einen schönen Tag zu bescheren. Irgendwann hörte ich heraus, dass sie im Zelt einen Stammtisch hatten.

»Ja, warum sitzt ihr dann hier im Garten?«, fragte ich.

Da meinten sie, sie wären halt viel lieber draußen bei mir.

»Das ist ja echt putzig«, sagte ich lachend. »Aber wollt ihr euch nicht lieber eine Jüngere suchen? Ihr lauft ja noch unter Welpenschutz.«

Einmütig schüttelten sie die Köpfe. »Na. Du bist wie eine Mama zu uns. Deswegen bleiben wir hier.«

Seither sind sie die Welpen und ich bin ganz offiziell die Wiesn-Mama. Jedes Jahr, wenn es laut »Mama, wo bist du?« durch den Garten schallt, weiß ich, meine Welpen sind wieder da.

Welpen genießen Schutz, ganz klar. Und das betrifft auch meine Wiesn-Familie. Einer meiner langjährigen Stammgäste, der zur Garde derer gehörte, die sich Jahr für Jahr nach dem Stand meiner Ehe erkundigten, hatte irgendwann meine Nichte Magdalena im Visier. Eine ganze Weile beobachtete er sie, und als sie zu ihm an den Tisch kam und die Bestellung aufnahm, konnte er einfach nicht glauben, dass sie nicht meine Tochter ist.

»Das ist ja der Wahnsinn, wie ähnlich ihr zwei euch seid«, sagte er voller Begeisterung.

Meine Stammgäste dürfen sich ja vieles erlauben, aber wenn es um die Mädels geht, steh ich parat. Als sein Blick sich erneut auf Magdalena legte und eindeutig etwas Schwärmerisches bekam, sah ich mich genötigt, vorbeugend einzuschreiten.

»Finger weg, die läuft unter Welpenschutz.«

Wie heißt es so schön: Der Hund ist ein gutes Tier, eh' er beißt, bellt er.

Wiesn-Mama ist ein umfassender Begriff. Als Bedienung, die schon ein bisschen länger dabei ist, wird man auch mal zur Mama von Kolleginnen und Kollegen. Ich persönlich bilde mir ein, das liegt nicht an meinem fortschreitenden Alter, sondern an etwas völlig anderem. Der Mamastatus muss noch nicht mal etwas mit Warmherzigkeit zu tun haben, damit, dass man eigene Kinder hat oder, je länger man dabei ist, über einiges an Erfahrung verfügt.

Nein, das Zauberwort lautet »Gschirrrr«, wie die Mama immer sagte. Also die Ansammlung an Taschen, die ich am Gürtel und gut verborgen unter der Schürze trage. Dass darin Schokolade und Gummibärli stecken, ist ja schon weithin bekannt. Aber in den Untiefen verbergen sich noch ganz andere Utensilien.

Einmal meinte Xaver aus meiner Family: »Wenn du jetzt noch neue Hände aus deinen Taschen ziehst, dann feiere ich dich endgültig.«

Seine Hände hatten an dem Tag einiges abbekommen. Auch wenn wir nicht jammern: Die Krüge sind schwer, die Henkel nicht immer trocken, und sie kriegen mit der Zeit fiese scharfe Kanten. Dann reißen sie einem schon mal die Haut auf.

Jedenfalls zog ich eine bewährte Heilsalbe aus dem Gschirr, die dann auch Abhilfe schuf. In solchen Fällen ist der ansonsten geheime Inhalt meiner Taschen eben ein Survival-Kit.

Und da wir gerade beim Thema Überleben sind: Wir Wiesn-Mamas jeglichen Geschlechts achten auf unsere Gäste. Schön ist es, wenn sie auch auf uns achten. Wir mögen gute Umgangsformen, sie erleichtern uns das (Über-)Leben in den 16 Tagen Ausnahmezustand.

Wie das geht? Es beginnt mit einem einfachen »Grüß Gott«, »Hallo«, »Servus«.

Don'ts & Dos

Überlebenstipps für Gäste und
Bedienungen

Don'ts

- Noch nicht mal sitzen und schon die Bestellung quer durch den Garten rufen – Nein, das mögen wir nicht.
- »Zenzi, bring mer noch a Maß« – Für alle, die lesen können: Wir haben persönliche Vornamen, und das schon seit der Geburt.
- Das Bier verstecken und dann nicht zahlen – Eine geprellte Zeche müssen wir übernehmen, da kommt keine Freude auf.
- Der Bedienung auf den Hintern hauen – Dazu rate ich nur, wenn man mit dem Echo leben kann. An dieser Stelle erinnere ich dran: Wir haben Kraft in den Armen.
- Nach einem Platz im Zelt fragen – Wir sind nun mal Gartenbedienungen und nicht für den Einlass zuständig.
- Schlechte Laune kriegen, zuwider werden, wenn die Bedienung nicht bei drei vor einem steht oder das Bier mal ein paar Minuten länger braucht – Wir haben auch nur zwei Beine und zwei Hände.
- Am letzten Tag mit lauter Gutscheinen kommen – Die können wir nicht mehr einlösen, ihr aber schon: in der Gaststätte nämlich, die auf den Gutscheinen aufgeführt sind.
- Zu Stoßzeiten einen Sitzplatz verlangen – »Stoßzeit« ist wörtlich zu nehmen, schaut einfach aufs Wiesn-Barometer (siehe Anhang), dann wisst ihr, was euch blüht.

Dos

- Ein netter Gruß zum Anfang
- Unseren Namen vom Namensschild ablesen
- Späßchen machen
- Vor dem Hinsetzen fragen, wo es denn passt
- Sich draußen einen Platz suchen, obwohl man ins Zelt wollte, und trotzdem zufrieden sein
- Wissen, dass wir keinen Grundlohn für unsere Arbeit kriegen, nur ein Bedienungsgeld pro verkauftem Getränk oder Essen
- Sich vorher informieren, wann auf der Wiesn viel los ist, und die eigene Komfortzone berücksichtigen
- Und: Mal ein Lächeln herschenken. Das kostet nix, gibt uns aber viel, weil wir ständig unter Beobachtung stehen von Gästen und anderen Bedienungen. Das schafft schon Druck.

Und: Wer die großen, überall auf der Wiesn angebrachten Schilder dennoch übersehen hat und ein dringendes menschliches Bedürfnis verspürt – das Klo ist hinten links.

Kapitel 8

Rund ums Bier

Das Bier – ein echtes Kulturgut

Bier ist nicht nur ein Kultgetränk, es ist quasi das achte Weltwunder. Frei nach dem Motto »Auch Wasser wird zum edlen Tropfen, mischt man es mit Malz und Hopfen« treibt es die Menschheit schon seit einigen Jahrtausenden um.

Wenn Archäologen in der Erde graben, fördern sie so manches Interessante zutage. Krüge und Amphoren sind Standardfunde, aber der Inhalt oder genauer, die Rückstände sind es, die unsere antiken Vorfahren verraten: Schon die alten Sumerer brauten Bier.

Forscher gehen davon aus, dass es sich um ein Zufallsprodukt handelte: Da hatte wohl jemand seinen Brotteig in einer Amphore vergessen. Wenn man jetzt die Wärme im damaligen Zweistromland berücksichtigt, kann man sich denken, dass das Ganze zu gären anfing. Ob es nun drauf regnete oder jemand die Reste einweichte und wieder vergaß? Heraus kam jedenfalls Bier.

Rund 5000 Jahre alt ist eine Hochleistungsbrauerei, die Archäologen inmitten einer Begräbnisstätte im Süden Ägyptens entdeckten. Schon ein seltsamer Ort für eine Brauerei, mag man denken. Andererseits: Warum nicht? Wer auf der Wiesn arbeitet, den kann nichts mehr in Erstaunen versetzen. Spannend fände ich allerdings zu wissen, was die Leute in fünf bis neun weiteren Jahrtausenden denken, wenn die Bavaria ausgegraben wird, wenn Überbleibsel von Maßkrügen gefunden werden, vielleicht sogar der unverrottbare Löwe vom Nachbarzelt. Ob dann wohl anhand von Genproben aus dem Erdreich des Kotzhügels auf internationale Völkertreffen geschlossen wird?

Inzwischen haben Wissenschaftler herausgefunden, dass die Chinesen in Sachen Bier noch früher am Start waren, wir reden hier von der Jungsteinzeit. Allerdings verwendeten sie Reis statt Gerste, das dauerte nämlich noch, bis die in China angebaut wurde. Dann aber legten sie los und probierten die verschiedensten Rezepte aus. Auch das weiß man aus Rückständen in verschiedenen ausgegrabenen Gefäßen.

Wobei mir bei China, Asien allgemein und »Rückstände« eine ganz andere Story in den Sinn kommt.

Jahr für Jahr heißt das Oktoberfest Gäste aus aller Welt willkommen. Und was für uns ganz gewöhnliches Wiesn-Essen ist, gilt bei ihnen als exotische Delikatesse. Ich meine jetzt nicht das saure Lüngerl, die abgebratene Milzwurst oder dergleichen, sondern Hendl, Schweinsbraten und Haxn. Und natürlich Schweinswürstel mit Kraut, die erfreuen sich bei unseren Gästen aus Asien besonders großer Beliebtheit.

An einem ziemlich regnerischen Tag versammelte sich die Family an der Schänke. Ausgestattet mit Goretex-Schuhen, Extrajacken und Regenschutz, gab es wie immer viel zu ratschen. Das Wetter war dermaßen schlecht, dass sich kaum Gäste zu uns wagten. Bis plötzlich eine Gruppe Chinesen in den Biergarten platzte. Sei es die kühle Temperatur oder die herzerwärmende Unterhaltung, Lust zu arbeiten hatten wir gerade keine. Ich selbst nahm mich sowieso raus. Aufgrund meiner Körpergröße hätten unsere Gäste mich wohl für die Bavaria in Menschengestalt gehalten. Mit einer Gegenstimme fiel der Beschluss: Wir schicken die Tini vor. Mit ihren eins achtundfünfzig passte sie perfekt ins Bild. Wortwörtlich sogar, denn erst mal baten unsere Gäste sie darum, Fotos zu machen. Das zog sich hin, aber die Tini lächelte brav in die Kamera, als sich erst die eine Familie, dann die nächste und auch noch die dritte um sie scharte.

Albern, wie wir sind, waren wir nur noch am Lachen, denn die Tini ging in der Menge völlig unter. Nachdem unsere Gäste sich hingesetzt hatten, wurde bestellt. Plötzlich redeten alle munter durcheinander, Chinesisch, ein paar Brocken Englisch, Händisch, was auch immer. Als wir sahen, wie die Tini da im Regen stand und die Bestellung einfach nicht auf die Reihe bekam, mussten wir nur noch mehr lachen. Tini ist eine ganz Toughe, aber als 20 Leute auf einmal auf sie einredeten, da geriet auch sie an ihre Grenzen. Zumal sie genau mitbekam, wie witzig wir die Szene fanden, und Mühe hatte, selbst ernst zu bleiben.

Als sie zurück zur Schänke kam, waren wir natürlich neugierig, wie sie sich in dem Chaos geschlagen hatte.

»Keine Ahnung«, meinte sie. »Ich bring ihnen jetzt einfach irgendwas und hoffe, es stimmt.«

Ob unsere Gäste wirklich bekamen, was sie wollten, können wir nicht zurückverfolgen. Sie selbst vermutlich auch nicht. Aber die obligatorischen Schweinswürstel mit Kraut und scharfem Senf und der Schweinsbraten mit Knödeln und Sauce schien ihnen sichtlich zu schmecken. Sie langten ordentlich zu, und mit einem Lächeln und einem Winken verabschiedeten sie sich bald darauf wieder.

Natürlich halfen wir alle mit, den Tisch abzuräumen. Und da kommen wir zu den Rückständen, von denen ich eingangs sprach. Auf dem Tisch standen nämlich lauter Plastikschälchen mit Resten von süßsaurer Sauce. Da schloss sich ein Kreis – wobei ein Bier aus Reis dann vielleicht doch besser gepasst hätte.

Sehr hübsch sind auch die Rückstände, die wir manchmal auf den Tellern finden. Auf die Wiesn darf man ja seine eigene Brotzeit mitbringen. Nachdem sich eine Gruppe von Japanern verabschiedet hatte, fand unsere Kollegin auf der Galerie tatsächlich mal ein Sushiröllchen mitten in einem Rest Biersauce. Hübsch sah das aus, wenn auch irgendwie einsam.

Zurück zum Bier. Wann genau es in das Gebiet des heutigen Deutschlands gekommen ist, lässt sich kaum zurückverfolgen. Spätestens aber 800 v. Chr. war es so weit: in Oberfranken nämlich, wie archäologische Funde zeigen. Den Leuten schien es zu schmecken, und wie sich herausstellte, liebten sie die Geselligkeit, die sich beim Genuss des Biers einstellte. Darüber berichtete nämlich der römische Geschichtsschreiber Tacitus in seiner Abhandlung über das Volk der Germanen.

Später übernahmen die Mönche das Brauen, was logisch war, denn sie saßen sozusagen an der Quelle. In den Klöstern, wo auch Brot gebacken wurde, war der Schritt zum Bier nicht weit, wir erinnern uns an das Gebräu aus vergammeltem Brotteig. Besonders in der Fastenzeit genoss das Bier als »flüssiges Brot« große Beliebtheit. Es galt nicht nur als weit gesünder als Trinkwasser, dessen Qualität damals zweifelhaft war, sondern hatte bald auch einen mystischen Touch weg. So meinte etwa Martin Luther: »Ich sitze hier und trinke mein gutes Wittenbergisch Bier und das Reich Gottes kommt von ganz alleine.«

Ob Mönch, Staatsmann, Schriftsteller oder die Leut' von nebenan: Wer philosophieren, gesellig beisammensitzen oder auch mal so richtig vor sich hin granteln will, tut dies eben gern bei einem Krug Bier. So fanden auch die ersten Biergärten, die in München gegründet wurden, schnell Zulauf. Bier ist ein Kultgetränk – und mehr noch, ein Kulturgut. Wer jetzt meint, ich übertreibe oder mein Mann hätte sich mal wieder eingemischt, dem sei gesagt, dass im Jahr 2020 das traditionelle Handwerk des Bierbrauens in die »UNESCO-Liste des Immateriellen Kulturerbes« aufgenommen wurde. Na dann!

Deutsches Kulturgut

Die Mönchsbrauer versuchten sich an den unterschiedlichsten Rezepturen. Als sie schließlich auf die Idee kamen, Hopfen zuzusetzen, wurde das Bier länger haltbar, denn die Bitterstoffe wirken konservierend. Und so bekam das Bier die typische Geschmacksnote: malzig mit leicht bitteren Anklängen.

Im Jahr 1516 wurde nach einigen Anläufen schließlich das Bayerische Reinheitsgebot erlassen, das bis heute als Qualitätsversprechen und als Ursprung des Deutschen Reinheitsgebots gilt. Es besagte, dass als einzige Zutaten hierzulande nur Gerste, Hopfen und Wasser fürs Brauen verwendet werden dürften. Dass die Gerste zum Brauen vermalzt wurde, ist klar, und was die Hefe angeht, die den Malzzucker in Alkohol und Kohlensäure umwandelt, so sah man sie früher vermutlich als ein Nebenprodukt der Bierherstellung an, sodass sie nicht aufgeführt wurde.

Aus Malz, Hopfen, Wasser und Hefe lassen sich die unterschiedlichsten Biere brauen. Der Verzicht auf künstliche Zusatzstoffe stellt heutzutage sicher, dass das über Jahrhunderte hinweg erworbene Wissen der Bierbrauer weiterhin Anwendung findet.

Am bekanntesten sind das Pils mit seinem höheren Hopfenanteil und das Helle, sie haben einen Alkoholgehalt zwischen 4,5 und fünf Prozent.
Fun Fact: Anlässlich der Fußball-EM 2024 sah sich die britische Regierung dazu veranlasst, ihre Fans vor deutschem Bier zu warnen. Es könne nämlich stärker sein als das heimische, man solle sich doch bitte trotzdem gut benehmen. Wobei das britische Bier mit 4,6 Prozent da gut mithalten kann. Damit die Fans von der Insel jetzt nicht enttäuscht sind: Vielleicht wird's Zeit, dass unsere Brauereien das Bockbier aus den Kellern holen.

Münchner Opulenz

München wäre nicht München, wenn es nicht hin und wieder etwas opulent zuginge. So auch beim Bier. Das untergärige Lagerbier, das bei uns ausgeschenkt wird, wird nämlich extra für die Wiesn gebraut und liegt mit rund sechs Prozent Alkoholgehalt deutlich über dem normalen Hellen. Die Farbe ist golden bis bernsteinfarben. Anders als das ebenfalls stärkere Märzen ist es weniger hopfenbetont, das Malzaroma überwiegt.

Beim Wiesn-Bier muss alles stimmen. Ob in Steingut, weil es das Bier schön kühl hält, oder in den Glaskrug, weil robuster und leichter zu reinigen: Einmal eingeschenkt, wird es mit Schwung auf dem Biertisch abgestellt. Beim Antrinken merken die Leute: Dieses Bier wurde nicht zum Nippen gebraut, es ist viel zu süffig und muss in großen Zügen getrunken werden.

Warum es so süffig ist? Das liegt an den bereits erwähnten sechs Prozent Alkohol, dem Holzfass, der Kohlensäure, dazu die Atmosphäre im Garten oder Zelt. Die erste Maß ist Genuss pur, bei der zweiten stellt sich die Geselligkeit ein und steigert sich weiter, je nach Trinkfestigkeit. Ehernes Gesetz, was das Oktoberfestbier angeht, ist das Anstoßen. Ob mit Freunden oder Fremden – ohne das geht's nicht. Und wer allein dasitzt? Der hebt beim Antrinken die Maß und dreht sich zur nächsten Bank um.

Mein Mann gerät vom Wiesn-Bier so richtig ins Schwärmen. »Diese archaische Schwere des Kruges« (da stimme ich ihm zu, die fühle ich tausendfach), »wie du ihn hebst. Und dann der erste Schluck, das ist Münchner Braukunst vom Feinsten. Du schmeckst diese Malzigkeit, fast süßlich, die ganz leichte Hopfennote, die zugunsten des Getreides zurücktritt ...«

Kleine Anmerkung am Rande: Dermaßen schwärmerisch hat er von mir zuletzt vor 30 Jahren geredet.

Sechs verschiedene Münchner Brauereien sorgen dafür, dass das Wiesn-Bier in Strömen fließt: Augustiner, Hacker-Pschorr, Hofbräu, Löwenbräu, Paulaner und Spaten. Alle unterscheiden sich im Geschmack und in der Farbe. Wir Bedienungen dürfen während der Arbeitszeit keinen Alkohol trinken. Die Mama kennt sich trotzdem aus: »Vom Spaten bekommst d' Schaufe' aufn Schädl, ins Hacker gähst, wennsd im Augustiner koan Platz kriagst, da Lätschenbrai schmeckt ned wirklich!« Und manch einer behauptet: »Vom Augustiner kriag i am nächsten Dog Schädlweh!«

So hat halt jeder sein Lieblingsbier, so wie auch jeder sein Lieblingszelt hat.

Schaumschlägerei

Nicht nur das Bier ist eine Wissenschaft für sich, der Schaum gehört einfach mit dazu. Mit seiner geschmeidigen Konsistenz bildet er einen unnachahmlichen Kontrast im Mund: Fluffig trifft perlende Spritzigkeit. Wobei sich bei der Beschreibung des Schaums die Genießer uneins sind: Sahnig sagt der eine, flaumig der Nächste, offenporig, wie Zuckerwatte fast, mein Mann.

Wie viel Schaum auf der Maß sein soll – da scheiden sich endgültig die Geister. Die Sparfüchse hoffen auf Bier überm Eichstrich und eine schöne Haube. Dann gibt's solche, denen es völlig egal ist, Hauptsache, das Bier ist frisch. Der traditionelle Münchner liebt den Schaum, es darf auch etwas mehr sein. Und jetzt kommt's: Viele der alteingesessenen Wiesn-Gänger bestellen ab der zweiten oder dritten Maß nämlich eine Schaumige. Wie der Name andeutet, enthält sie mehr Schaum als Bier. Nicht weil die Schankmoral zu wünschen übrig ließe oder man den Preis runterhandeln könnte. Sondern weil man's kann. Weil der Geschmack für die Liebhaber der Schaumigen einmalig ist. Und weil es Spaß macht zu schauen, was der Schankkellner draufhat.

Wer noch einen draufsetzen will, bestellt den Breitschaum oder den Schnitt. Die Schaumkrone auf Ersterem ist eine gute Hand breit – das ideale Getränk für Schaumfanatiker, die dennoch nicht aufs Bier selbst verzichten wollen. Und der Schnitt? Wird er außerhalb der Wiesn ausgeschenkt, ist er meist das Rausschmeißerbier kurz vor der Sperrstunde. Entweder weil man selbst weiß, dass man mal langsam gehen sollte, oder weil der Wirt genug von einem hat. Dann gibt's den Schnitt auch schon mal als Freibier, zusammen mit dem Spruch: »Auf geht's, letzte Runde, jetzt gemma hoam!«

Auf der Wiesn gelten andere Gesetze, nicht dass jemand jetzt auf die Idee kommt, auf fünf bis zehn Schnitt als Gabe des Hauses zu hoffen. Bei uns wird der Schnitt von Leuten bevorzugt, die wissen, es reicht, aber a bisserl was geht halt immer.

> *Die Schaumige:* 1 Teil Bier, 2 bis 3 Teile Schaum
> *Der Breitschaum:* eine gute Handbreit Schaum, der Rest ist Bier
> *Der Schnitt:* Unten ein bisschen Bier, dann viel Schaum

Nicht jeder Schankkellner kann die Schaum-Specials zur Zufriedenheit der Gäste einschenken. Im Augustiner stammt das Bier aus Holzfässern und hat damit einen etwas höheren Kohlensäuregehalt. Das Zapfen selbst ist Kult, jeder Schankkellner hat seinen eigenen Wechsel (wie der Zapfhahn heißt) und seine Spezialtechnik. Es macht Spaß, zuzuschauen, wie bei der Schaumigen das erste Drittel oder Viertel wie gewohnt eingeschenkt und dann das Glas schön runtergezogen wird, sodass es ordentlich schäumt. Ließe man es stehen, statt den Schaum zu genießen, wäre die Maß zu etwa drei Vierteln mit goldenem Bier gefüllt. Aber wer tut das schon, ein frisches Bier stehen lassen?

Und: Schaum ist auch Bier!

Weckle hamma ned

Ob Schaum oder Bier: Der Magen braucht eine Grundlage, damit der Alkohol nicht ungebremst ins Blut gelangt und einem gleich zu Kopf steigt. Vielen reicht die leckere Wiesnbrezn, einige bringen ihre Brotzeit von zu Hause mit, und wieder andere genießen die Schmankerl, die im Biergarten serviert werden.

Eine gewisse Kenntnis der typisch bayerischen Gerichte ist nicht schlecht, ich sage nur: Gansjung. Für Lacher sorgt es regelmäßig, wenn ganz junge Bedienungen die Bestellung aufnehmen, da kommen die Gäste aus dem Feixen gar nicht mehr raus. Wer allerdings auf eine junge gebratene Gans hofft, sollte wissen, dass Gansjung für Gänseklein steht und es sich um Flügel, Hals und Innereien des Tiers handelt, gekocht mit Weinessig, Zwiebeln, Gänseschmalz und gewürzt mit Senfkörnern, Nelke und Lorbeer.

Am meisten geordert wird die Maß und dazu ein halbes Hendl. Das erinnert mich an meine allererste Wiesn als Bedienung, damals noch im Schottenhamel-Biergarten. Da orderte eine Gruppe von Schwaben jeweils ein halbes Hendl. Mit einem freundlichen Lächeln servierte ich die Speisen, noch heiß, schön kross und duftend. Die Gäste aber zogen die Brauen zusammen, schauten kritisch vom Teller zu mir und zurück auf den Teller.

»Ja, wo ist denn das Weckele?«, wandte sich einer der Gäste an mich.

»Bitte was?« Ich hatte keinen Schimmer, was er damit meinte.

»Ja, das Weckele.«

»Ich weiß wirklich nicht, was Sie meinen«, gab ich zurück.

»Ein We-cke-le. Sie können doch das Geggale nicht ohne Weckele verkaufen?!«

So langsam dämmerte es mir. »Sie meinen a Semmel?«

»Ja, ein Weckele. Wo bleibt denn jetzt das Weckele?«

Ich erklärte einmal und dann noch zwei weitere Male, dass auf der Wiesn ein Hendl eben bloß ein Hendl ist, von mir aus auch ein Giggele, Geggale oder Goggele. Aber der Gast gab nicht auf. Ich wurde zunehmend sprachlos. Ein Fehler, denn jetzt legte er nach: »Bei dem Preis, da gehört doch ein Weckele zum Geggale!«

Rings um mich nahm ich die ungeduldigen Blicke meiner anderen Gäste wahr. Diese Diskussion dauerte schon fast zehn Minuten.

»Sie ham a Hendl bestellt, da gibt's a Hendl und nix dazu«, beschied ich, drehte mich um und nahm Reißaus.

Da lobe ich mir ja die Gäste aus Asien. Offenbar halten viele von ihnen das Weißwurstwasser für eine Suppe und trinken sie dann auch brav aus. Über den doch recht faden Geschmack hat sich noch niemand bei mir beschwert. Wobei ich betonen möchte: Es gibt auch Gehaltvolles und gut Gewürztes aus unserer Suppenküche.

Der Gast ist König

Und was hat es jetzt eigentlich mit dem Radler auf sich, auf das wir Bedienungen regelrecht allergisch reagieren?

Wessen Blick an den Glubberln an meinem Dirndl hängen bleibt und wer des Lesens mächtig ist, weiß: *Koa Radler*. Trotzdem droht die Häufigkeit der Frage nach dem Biermix an manchen Tagen sogar die nach dem Häusel zu übertreffen.

Ich hole mal ein wenig aus. Als Weinliebhaberin käme ich nie auf die Idee, mir eine Limo oder gar Cola in meinen Lugana zu schütten. Aber was das Bier angeht, reizt es die Menschen, mal was auszuprobieren. Bevor das Reinheitsgebot erlassen wurde, setzten die Brauer dem Bier so ziemlich alles zu, was ihnen in die Finger kam: von verschiedensten Kräutern über Fliegenpilze bis hin zu Rinderblut und Ochsengalle. Wohl bekomm's!

Nun erzählt man sich die Geschichte, dass der findige Gleisarbeiter Franz Xaver Kugler Ende des 19. Jahrhunderts aus ein paar Brettern eine Bude an der Strecke München – Holzkirchen zusammenzimmerte, von wo aus er seine Kollegen mit Bier versorgte.

Später wurde das Ganze aufgehübscht, mauserte sich zum Waldrestaurant und schließlich zur Kugler-Alm. Als das Fahrrad seinen Siegeszug antrat, ließ Kugler einen Radweg zu seiner Alm anlegen. Das bescherte ihm an einem sonnigen Tag angeblich gleich 13 000 Radler, allesamt durstig nach Bier. Und weil er keinen solchen Vorrat hatte, erfand er die Radlermaß, indem er Zitronenlimonade zu gleichen Teilen untermischte.

Auf dem Oktoberfest kennt man solche Versorgungsprobleme nicht. Wenn also bei uns ein Radler geordert wird, heißt die geduldige Antwort: »Bei uns wird nicht gepanscht.«

»Ja hobts wirklich koa Radler?«

»Nein, Radler haben wir nicht.«

»Hm, und 'n Aperol Spritz?«

»Nein, wir haben auch keinen Aperol Spritz.«

»Dann nehm i a Weißweinschorle.«

»Weißweinschorle haben wir leider nicht.«

»Ja, was hobt's denn?«

»Mir san a Biergarten. Mir ham Bier, Bier und Bier, außerdem Wasser, Limo, Spezi, Apfelschorle.«

»Aber koa Radler?«

»Nein, Radler haben wir nicht.« Verhaltenes Seufzen. »Ich kann euch aber gern zwei Limo und eine Maß Bier bringen.«

Tiefes Stirnrunzeln, die Information muss erst verarbeitet werden. Rechnerisch stellt sie offenbar eine Herausforderung dar. Aber Limo verkaufen wir nun mal nicht per Liter wie das Bier, sondern 0,5.

»Dann nehma ma a Maß, an leeren Krug und a Limo«, lautet die Bestellung.

Ich unterdrücke in solchen Fällen ein neuerliches Seufzen, sollen die Gäste ihre eigenen Erfahrungen machen.

Kaum bringe ich das Gewünschte, beginnt auch schon das Panschen und Umschütten, dann wird probiert, natürlich schmeckt's jetzt eher, als hätte man das Glas nicht gescheit ausgespült. Also wird dann doch die zweite Limo nachgeordert, meist mit einem anklagenden Blick.

Aber wie heißt es so schön? Der Gast ist König.

Wilber Mix

Wer die Finger nicht vom Mixen lassen kann, hier eine kleine Auswahl:

Radler: Helles und Limonade, zu gleichen Teilen gemixt

Almradler: Helles mit Kräuterlimo, zu gleichen Teilen gemixt

Alsterwasser: Die Variante aus dem Norden, hier wird meist Pils mit Limo gemixt. Die Farbe: Wie das Wasser der Alster eben

Russ, Russ'n: Hefeweizen mit Limo, etwa zu gleichen Teilen

Colaweizen: Wie der Name sagt

All das und auch die Variationen »Bier mit Sekt und Champagner« gibt's **nicht** bei uns im Biergarten.

Nicht, dass ich mir jetzt noch ein Glubblerl mit *Koa Red Eye* machen muss – das steht für Helles oder Pils, gemixt mit Tomatensaft, Tabasco und Pfeffer. Äha, tät die Mama sagen.

Meine Schweden-Fraktion

Wenn man vom Bier spricht, dürfen meine lieben Stammgäste aus dem hohen Norden nicht unerwähnt bleiben. Alles begann vor rund 20 Jahren. Ich war damals im Serviceteam mit meiner Schwester, als plötzlich drei hochgewachsene Männer vor uns standen, in Lederhosen und blau-weiß karierten Hemden. Touristen, klar, ein Bayer würde kein blau-weiß kariertes Hemd auf der Wiesn anziehen. Allerdings hatte jeder ein hübsches Halstuch umgebunden, was das Ganze noch authentischer machen sollte. Alle drei waren sie blond und braun gebrannt.

Eher durch Zufall nahmen sie bei uns im Service Platz und bestellten jeder ein Bier. Als sie mit meiner Schwester auf Englisch zu reden begannen, stutzte ich. Irgendwas in der Sprechweise kam mir doch bekannt vor. Da mein Mann bei einer schwedischen Firma arbeitete, fiel der Groschen, und ich fragte sie:

»Seid's ihr from Sweden?«

Da zog einer der drei eine mittelblaue Flagge mit leuchtend gelbem Kreuz aus der Tasche. Die kannte ich doch. Richtig geraten! Wir hatten jedenfalls eine Menge Spaß mit den dreien und staunten über ihre Trinkfestigkeit.

Am nächsten Tag stand ich gerade an der Schänke, drehte mich um, und da waren sie schon wieder.

»Ah, die Ikea-Fraktion«, entschlüpfte es mir. Und so hatten sie ihren Namen weg.

Ursprünglich hatten die drei im Zelt Party machen wollen, doch irgendwie hatten sie einen Narren an der guten Stimmung im Biergarten gefressen. Und so blieben sie uns erhalten.

Im nächsten Jahr kehrte Markus, der harte Kern der Fraktion, in der Kombi mit seiner Frau und ein paar Freunden zurück. Das war ein großes Hallo, natürlich erinnerte ich mich an ihn. Inzwischen war meine Schwägerin Tini mit mir im Service, die ein ausgezeichnetes Englisch spricht und sich bestens mit ihnen austauschen konnte. Wieder besuchten sie uns über mehrere Tage hinweg im Biergarten. Die Mengen, die sie tranken, waren legendär. Auch Markus' Frau hielt ordentlich mit, mich hätten sie längst hinters Holzfasslager zum Ausnüchtern schaffen müssen.

An ihrem letzten Abend ließen sie es dann so richtig krachen. Der Abschied ging mit großem Brimborium über die Bühne, Küsschen links, Küsschen rechts, noch eine Umarmung, Wiedersehensschwüre gegen das große Vermissen, das sich in uns breitmachte, und dazwischen die Frage, wann denn eigentlich ihr Flieger nach Schweden ginge. Wenn ich es richtig übersetzte, herrschten unter den fünf Leuten fünf unterschiedliche Ansichten zur Abflugzeit vor.

Nachdem sie relativ geraden Schrittes den Biergarten verlassen hatten, meinte Tini beeindruckt: »Die müssen nicht bloß ein Wiesn-Gen haben, die ham auch a Wikinger-Gen.«

Seither sind meine Schweden eine feste Größe im Wohnzimmer. Immer mit dabei ist Markus. Wer ihn begleitet, ist jedes Mal aufs Neue eine Überraschung – mal seine Frau, mal sein Bruder, dazu Freunde, andere Verwandte. Natürlich kam es längst zu Verbrüderungen mit den anderen Stammgästen.

Letztens fragte einer aus der Gummibärli-Bande: »Sag, Maggy, waren die Schweden schon da?«

Ich bloß: »Dreh dich halt mal um.« Vor lauter Ratschen hatten die beiden Fraktionen gar nicht mitbekommen, dass sie quasi Rücken an Rücken saßen, und das schon seit über einer Stunde.

All diese Freundschaften konnten nur deshalb entstehen, weil Markus bei seiner allerersten Wiesn dann doch lieber im Biergarten blieb, statt sich einen Weg ins Zelt hinein zu erkämpfen.

Wenn ich recht überlege, kommt das häufig vor, dass die Gäste uns im Biergarten erhalten bleiben. Weil sie dieses unnachahmliche

Gemisch aus Sonne und kühlem Bier lieben, die herzliche Stimmung und die Möglichkeit, sich ab und an miteinander zu unterhalten. Etwas, was in den Zelten nur zu früher Stunde möglich ist und zu fortgeschrittener Stunde nur durch lautes Schreien. Da muss man schon ganz früh kommen, so wie damals, als die Wiesn noch nicht eingezäunt war, die Kindergartengruppen, die ihre Brotzeit im noch leeren Bierzelt machten und dann weiterzogen zu den Karussells.

Manchmal genießen meine Gäste auch ihr traditionelles Wiesn-Gedeck, bestehend aus einer Maß, einem halben Hendl und einer Brezn, dann wandern sie für zwei, drei Stunden ab, um sich bei Tanzmusik so richtig auszupowern. Den Abend ausklingen lassen sie wiederum bei uns.

Dies bevorzugt hauptsächlich mein lieber Nikolaus, wenn auch nicht der echte, sondern ein langjähriger Stammgast. Als mein Mann seinen dreißigsten Geburtstag feierte, wohnten wir noch in Dresden, und da schaute er doch tatsächlich mit meiner Schwester vorbei. Und half mir, das Geburtstagsgeschenk für meinen Mann – zwei Fahrräder – aus der einen Ecke der Stadt in unsere Ecke zu befördern, indem er eine Fahrradtour mit meiner Schwester machte. Man sieht, auch hier wurde ein Gast zu einem Freund.

Stimmungsmacher

Immer am zweiten Wiesn-Sonntag um elf Uhr versammeln sich auf den Stufen zur Bavaria sämtliche Musiker der Festkapellen und veranstalten ein Platzkonzert. Da kommt schon eine ganz eigene Stimmung auf, wenn die traditionellen Lieder übers Wiesn-Gelände hallen, die Schuhplattler ihr Können zeigen und zum Abschluss Luftballons aufsteigen. Derart heimisch geht es sonst eher auf der Oiden Wiesn im Musikantenzelt zu. Wer ein echter Blaskapellenfan ist, fährt dort zur Livemusik eine Runde mit der »Krinoline«, dem traditionsreichsten Karussell mit einer Plattform, die so schön schwingt.

In den Zelten stellen die Blaskapellen eine besondere Größe dar. Musik kann wie kaum etwas anderes unsere Stimmung beeinflussen. Zu »In München steht ein Hofbräuhaus« oder »Ich bin in München verliebt!« schunkeln die Leute, und wenn unsere Kapelle »Wilds Wasser« anstimmt, kriege ich vor Rührung feuchte Augen.

Im Augustiner wird besonders tagsüber eher gediegene Musik gespielt, es geht gemütlich zu, was auch die Familien zu schätzen wissen. Ganz anders im Schottenhamel, da sind Flirten und Party angesagt. »Hüpfburg« sagt die Mama dazu, weil das, was die überwiegend jüngeren Gäste da auf Tischen und Bänken veranstalten, für sie kein Tanzen ist, sondern eben Gehüpfe.

Auch im Augustiner geht es in den Abendstunden rund, doch ist unsere Kapelle eher um Deeskalation bemüht: Wenn es zu wild wird und die Stimmung hochkocht, kommt auch mal ein Schunkellied, und schon beruhigen sich die Nerven der Gäste wieder.

Halligalli-Drecksau-Fest muss ja auch nicht sein. Wenn sie sich wieder ein Stück weit fangen, stellen selbst die hochgradig berauschten Gäste fest, dass man durchaus feiern kann, wenn man noch seine Unterwäsche trägt, dass man die Tische nicht mit Bier einsauen und als Rutsche zweckentfremden muss und dass man Bier ganz normal aus dem Krug trinken kann und sich nicht per Trichter und Schlauch verabreichen muss. Auch das ist Wiesn, selten bei uns, öfter in manch anderen Zelten. Da waren es dann definitiv ein paar Maß zu viel, was die Leute intus haben, und ein paar Wasser zu wenig. Aber vielleicht ist es ja auch gut, wenn sie alles rauslassen und das sonst nirgends können.

Oft werde ich gefragt, wann ich denn ins Zelt »befördert« werde. Danke nein, sag ich dann, ich bin im Biergarten daheim. Auf den

Tischen getanzt wird auch im Augustiner. Dann geh da mal durch die Reihen – und was siehst du? Hintern, Gesäße, in allen Größen und Breiten. Das ist nichts für mich, ich schau den Leuten lieber ins Gesicht, wenn ich ihnen etwas serviere.

Sieben große und 21 kleine Zelte findet man auf der Wiesn. Wer zum ersten Mal vorbeikommt, tut gut daran, sich im Voraus zu informieren. Denn wenn die Erwartungen hoch sind, das Festzelt aber das falsche, dann ist Enttäuschung angesagt, und das muss bei der großen Auswahl definitiv nicht sein (siehe Anhang).

Wer aufgepasst hat, erinnert sich: Es sind sechs Münchner Brauereien, die Jahr für Jahr ihr eigenes Wiesn-Bier brauen. Bei denjenigen also, die vor allem deshalb auf die Wiesn kommen, um ihr Lieblingsbier zu genießen, ist die Entscheidung schnell gefällt. Es sei denn, man macht es wie der Gast, der eines Abends in unseren Biergarten schlenderte, einen leeren Krug mit dem Wappen eines anderen Zelts in der Hand. Seine Freundinnen und Freunde mochten kein Augustiner, er liebte es, also schuf er Abhilfe, indem er bei uns eine Maß bestellte und dann fröhlich umgoss. Da wurde dann schon fast eine Schaumige draus.

Und sonst? Jung, alt, Trachtler, Tourist, bunt, rosa, Familie? Auf der Wiesn vermischt es sich sowieso. Was ich den Gästen raten würde? Auch mal eines der kleinen Zelte ausprobieren, da herrscht oft eine Superstimmung. Ansonsten immer den Ohren nach.

Und wenn das Zelt voll ist? Dann stellt euch an, und wenn es euch zu lange dauert, setzt euch in den Biergarten und genießt die Stimmung, die rüberschwappt. Vielleicht landet ihr dann ja durch Zufall bei uns. Und wollt gar nicht mehr weg.

Meine eigene Playlist

Nicht nur zur Wiesn-Zeit

Wiesn-Klassiker

Oimara: »Emoji Baby«

Andreas Gabalier: »Hulapalu«

Wolfgang Ambros: »Schifoan«

Josh: »Expresso & Tschianti«

Josh: »Cordula Grün«

Andreas Gabalier: »I sing a Liad für di«

Helene Fischer: »Atemlos«

Oimara: »Wannabe«

DJ Ötzi: »Hey Baby«

DJ Ötzi & Nik P.: »Ein Stern«

Chris Boettcher: »10 Meter geh«

Mickie Krause: »Schatzi schenk mir ein Foto«

Die Kaiserlich Böhmischen: »Ich bin in München verliebt« – Mein Hochzeitswalzer …

Die Toten Hosen: »Tage wie diese« – Bester Song am letzten Tag

Songs für bestimmte Situationen, allesamt selbsterklärend

Nana Mouskouri: »Guten Morgen Sonnenschein«

Roland Hefter: »Urlaub auf da Wiesn«

Roland Hefter & Monika Gruber: »I bin fidel«

Oimara: »Zebrastreifenpferd«

Zum Runterkommen, wenn zu viel Halligalli ist
Peter Alexander: »Die kleine Kneipe«

Schön zum Schunkeln
Dean Martin: »Everybody Loves Somebody«

Kapitel 9

Meine Stammgäste

Freundschaft

Manchmal im Leben treffen die unterschiedlichsten Menschen aufeinander. Menschen, von denen man meinen möchte, sie hätten nichts gemeinsam. Es scheint keinen logischen Grund zu geben, dass sie mehr miteinander tauschen als einen flüchtigen Gruß, der Höflichkeit halber. Dass sie sich füreinander freuen, umeinander weinen, sich die halbe Welt bedeuten. Etwas Besonderes füreinander sind.

Und doch sieht man sie in freier Wildbahn wie auf der Wiesn. Gegen alle Erwartungen verbindet diese Menschen etwas, was man sich auf den ersten Blick nicht erschließen kann. Der Anwalt und die Bedienung. Die Immobilieninvestorin und der Lampenverkäufer, der Schreibwarenvertriebler und die Nachrichtensprecherin. Oft braucht's nicht mal Worte, damit sie sich verstehen. Ein Zwinkern, ein wissender Blick, man bricht wie auf ein geheimes Zeichen in Gelächter aus. Denkt aneinander, zur selben Zeit, auch wenn man an unterschiedlichen Orten ist.

Über die Jahre hinweg entwickelt sich eine Beziehung, die nur eine Erwartung kennt: Man wünscht sich, dass es dem anderen gut geht.

Freundschaft eben.

Auch mit meiner Wiesn-Familie verbindet mich eine solche Art von Freundschaft. Natürlich haben wir untereinander eine große gemeinsame Schnittmenge, wie es so schön heißt. Da ist die Arbeit, da sind die familiären Bande, das Quatschmachen, das schon Kultstatus hat. Aber da sind eben auch all die Dinge, über die wir gar nicht reden müssen. Dass die Abräumer, die Gläserwäscher, die Küche, die Ganterburschen ebenfalls ein Trinkgeld bekommen. Dass man rasch den Service vom anderen übernimmt, und zwar, ohne das Bediengeld einzukassieren. Dass man für jemanden eine Bestellung aus der Küche mitbringt – und so viel mehr. Wir wissen, wir können uns uneingeschränkt aufeinander verlassen. Und wir alle haben dasselbe Ziel: die 16 Tage, die wir miteinander verbringen, so richtig zu genießen.

Was meine Stammgäste angeht, so fühlt sich das ganz ähnlich an. Mit dem Unterschied, dass es nach außen hin eben kaum Berührungspunkte gibt.

Viele denken, die Arbeit als Bedienung sei kein großes Ding. Du nimmst die Bestellung auf, sorgst dafür, dass du das Richtige bringst, möglichst ohne etwas zu verschütten oder den Daumen in der Sauce hängen zu haben. Im besten Fall hast du ein Auge drauf, ob jemand Nachschub will, und anschließend kassierst du ab, ohne dich zu verrechnen. Menschen, die sich für etwas Besseres halten, behandeln Bedienungen gern mit einer gewissen Abschätzigkeit. Von dieser Sorte gibt es weit mehr, als man denkt. Wenn sie »Bedienung« sagen, schwingt im Ton immer das Wörtchen »nur« mit: Die oder der ist ja nur eine Bedienung. Sie sehen nicht den Menschen, erkennen nicht, wie viel Nerven es braucht, wie viel Kraft, und sie spüren nicht die Empathie, die die meisten Bedienungen in sich haben.

Solche Leute mag ich nicht sonderlich, sie bringen uns keinerlei Wertschätzung entgegen. Und vielleicht kommen wir da auch einem der Gründe näher, warum ich die Wiesn und unseren Biergarten so liebe: weil da im großen Stil die Unterschiede aufgehoben sind und allein die Gemeinsamkeit zählt.

Zum Glück gibt es auch andere Menschen. Wenn sie hören, dass ich auf der Wiesn bediene, heißt es plötzlich: »Respekt! Das könnte ich nicht.« Oder: »Dass du das durchstehst!« Manchmal auch mit einem Zwinkern: »Mit dir möchte ich mich lieber nicht anlegen …«

Und damit wären wir auch schon bei dem ersten Merkmal, das Stammgäste auszeichnet: der Wertschätzung. Nicht nur mir, sondern der gesamten Family gegenüber. Mindestens.

Stammgäste – eine eigene Gattung

Einer unserer ersten Gäste, der Jahr für Jahr bei uns aufschlägt, begrüßt uns regelmäßig mit den Worten: »Frohe Weihnachten!, A guads neis Jahr!, Ois Guade zum Geburtsdog!, Scheene Ostern!, An scheena Sommer! – Auf geht's, pack ma's!«

Dann wissen wir: Die Wiesn ist eingeläutet. Und damit beginnt für mich das große Wiedersehen mit meinen Stammgästen.

Stammgäste sind eine ganz besondere Gattung unter den Gästen. Auch wenn sie wie festgenietet an ihrem Platz sitzen, sind sie keine Noargerlzuzler oder Hockenbleiber. Sie sind auch keine hobbylosen Gestalten, die nichts anderes mit sich anzufangen wissen, als alle Jahre wieder auf die Wiesn zu gehen. Nein. Sie sind Menschen, die dem Ruf ihrer Wiesn-DNA folgen und nicht nur das Beste, sondern das Allerbeste daraus machen.

Logischerweise kommen sie nicht nur einmal, sondern tauchen auch in den Folgejahren auf. Nach manchen kann man die Uhr stellen, andere sind spontan unterwegs. Einige besuchen uns bloß an einem Tag, weil der Terminkalender nicht mehr hergibt – doch dieser Tag ist heilig, der Termin wird eingehalten, komme, was wolle. Andere könnten sich theoretisch ein Feldbett neben dem Holzfasslager aufstellen, das würde Taxikosten sparen. Sie tauchen nahezu täglich auf, kleine Erholungsphasen im Bett daheim nicht ausgeschlossen.

Was meine Stammgäste sonst noch auszeichnet?

Genau wie ich freuen sie sich über das Wiedersehen. Sie fragen nach, wie es mir und meiner Familie das Jahr über so ergangen ist. Und wenn es mir nicht so toll geht, dann spüren sie es. Holen mich mit ihrer Herzlichkeit aus dem Loch, in dem ich vielleicht stecke. Und sie geben acht auf mich, weisen durchaus auch mal einen Gast zurecht, der sich danebenbenimmt. Der kriegt dann ein gepfeffertes »So geht ma ned mit da Margarete um!« zu hören. Manche von meinen Stammgästen haben es sich regelrecht zur Aufgabe gemacht, die anderen Gäste zu erziehen, was wirklich putzig ist. Alles in allem: Stammgäste sind Menschen, bei denen einem einfach das Herz aufgeht.

Das Verwöhnprogramm

Jedes Jahr werde ich reichlich beschenkt. Da ist der wunderschöne Blumenstrauß, den eines meiner Heimkinder mir pünktlich zum Wiesn-Beginn überreicht. Und wenn der Gute mal verhindert ist? Dann schickt er seinen Sohn vorbei. Oder die Gummibärli-Bande, die eine ganze Tüte nur mit roten und grünen Bärchen für mich aussortierte, weil ich die so mag. Die Gäste, die mir jedes Jahr eine Käfer-Tasse schenken. Der liebe Gast aus Anzing, der mir einen eigens mit Federkiel bestickten Geldbeutel mitbrachte. Der Kameramann, schon lange ein Stammgast, der köstliche Schokofrüchte vorbeibringt. Mein Schwabinger, der immer fragt, ob ich denn Nüsse möge oder lieber etwas Süßes. Der Gärtner, der jeden Mittwoch bei mir seine Schlachtschüssel genießt und aussieht wie ein Nikolaus, und dann der Nikolaus, der schon seit meiner Anfangszeit im Augustiner zusammen mit »meinem« Anwalt Stammgast und ein ganz besonderer Mensch ist. Für solche Leute hab ich an kalten Tagen sogar eine Wärmflasche dabei.

Auf meiner Einkaufsliste zu Beginn der Wiesn stehen regelmäßig Süßigkeiten, wovon ein großer Teil nicht auf meine eigenen Hüften wandert, sondern bekanntermaßen für die Gäste gedacht ist. Wer jetzt denkt, dass Bier sich nur mit Limo und Cola versüßen lässt, irrt nämlich: Schokolade oder die legendären Gummibärli sind der wahre Gamechanger. Mein Mann würde vermutlich vom fruchtigen Aroma schwärmen, von der Zitrusnote des Biers (wegen der Gummibärlis), und er würde die schokoladigen Nuancen, die Anklänge von Karamell zelebrieren (wenn ich wie so oft meine kleinen Mars-Riegel zum Bier verteilt habe).

Die Süßkramlieferung funktioniert zur großen Freude meiner Family in beide Richtungen. Es gibt so viele liebe Gäste, die uns kleine Aufmerksamkeiten zukommen lassen.

Gar nicht klein war der Eimer Kaiserschmarrn, und das kam so:

Meine Welpen hatten sich mal wieder fein herausgeputzt, und nachdem sie die obligatorischen ein, zwei Maß bei mir getrunken hatten, verabschiedeten sie sich in eines der feineren Zelte, um dort ein Menü-Essen zu genießen. Flapsig, wie ich halt bin, rief ich ihnen hinterher: »Wenn was übrig bleibt, könnt ihr's ja vorbeibringen. Wir sind für alles dankbar, besonders für Nachspeisen.«

Tatsächlich kommen wir Bedienungen nicht oft zum Essen. Es gibt zwar Pausen, aber die verratscht man halt schnell, und schon geht es wieder los mit dem Gerenne.

Jedenfalls nahm der Abend seinen Lauf, auch buchstäblich, als gegen halb zehn die Welpen auftauchten und uns einen Lebensmitteleimer aus der Küche mit köstlichem Kaiserschmarrn vorbeibrachten. Was war das lecker!

All das soll nun wahrlich keine Aufforderung sein, uns doch bitte schön zu verwöhnen. Niemand muss Bonbonnieren anschleppen, um eine Bedienung glücklich zu machen. Ein Gruß, ein Lächeln, ein verständnisvoller Blick von der Seite, wenn ein mäkeliger Gast es auf einen abgesehen hat, sind für uns Gold wert.

Wenn ich mir aber doch etwas wünschen dürfte, so würde ich gern noch mal auf das Stretchdirndl zurückkommen. Geschneidert aus einem Dirndlstoff, mit der eingewebten Fähigkeit, sich jeder Lebensphase einer Frau anzupassen. Der Platz, den ich dadurch allein schon im Dirndlschrank sparen könnte, wo sich Modelle gleich in fünf Größen versammeln! Und der Platz, den Bauch und Hüften einnehmen könnten – besonders, wenn man derart verwöhnt wird ... Das wäre ein wahr gewordener Traum.

Zurück zur Schokolade und dem Bier. Nicht, dass ich bei dem Thema groß mitreden könnte, wir Bedienungen dürfen ja während der Arbeit nichts trinken. Manchmal aber, wenn wir eine ganz vorbildlich schäumende Maß servieren, kommt ein Gast auf die Idee und fragt: »Mogst o'dringa?«

Das Antrinken des Biers ist ein besonderes Ritual. Der Hintergrund? Jeder freut sich auf den ersten Schluck eines frisch gezapften Biers. Wenn man den Maßkrug in die Hand nimmt, an den Mund führt, den Geschmack, das Prickeln, die Kühle genießt. Und dieses Vergnügen an einen anderen abzutreten, sich als Zweiter einzureihen, obwohl man der Gast ist: Das ist eine große Ehre, die uns Bedienungen hin und wieder zuteilwird. Da erfahren wir Wertschätzung. Ohne die ginge uns die Arbeit nur schwer von der Hand, dazu ist sie zu anstrengend. Und letzten Endes sind wir alle Menschen, haben unsere Würde und das Bedürfnis, geachtet zu werden.

Verwöhnen auf Schwäbisch

Rund 15 Jahre ist es her, dass ich durch den Biergarten lief und drei Herren bei mir bestellten: »Ein Bier«, »Ein Bier«, »Ein Bier«. Ganz so deutlich klang es nicht, denn es waren ein Bayer, ein Schwab' und ein Preuß', die da zusammengefunden hatten. Ich musste lachen. Das konnte ja heiter werden!

Der Bayer war so, wie man sich einen vorstellt: stämmig, in einer Lederhose, mit bayerischer Weste. Ob die Wadln so stramm waren, wie man's gemeinhin annimmt, verbarg sich meinen Blicken. Der Schwabe war groß und schlank, der Preuße zierlich. Alle drei verband eine Freundschaft, die jährlich auf der Wiesn zelebriert wurde, und seit jener Begegnung dann regelmäßig auch bei mir. Wir hatten viel Spaß miteinander, heiter war es tatsächlich, da hatte ich mal wieder zu schnell gedacht.

Jedenfalls erzählte mir der Schwabe eines Tages, er sei dabei, ein italienisches Feinkostgeschäft im Ländle zu eröffnen. Da kam ich ins Schwärmen, und er bot sofort an, mir etwas Leckeres zukommen zu lassen. Ich erwähnte das italienische Konfekt, Tartufo, das ich auf Italienreisen gern naschte, und vergaß die Sache dann wieder.

Als die Wiesn endete und ich tags darauf mit Sack und Pack zu Hause ankam, waren meine Männer unterwegs – der eine in der

Schule, der andere in der Arbeit. Ich ging in die Küche, und was entdeckte ich da? Ein Paket, an mich adressiert. Irgendjemand hatte es für mich geöffnet. Wie zuvorkommend! Neugierig spähte ich hinein. Da lagen doch tatsächlich zwei einsame Tartufi in einer Ecke. Ein ernstes Gespräch mit meinen Männern ergab, dass die beiden mir alles Konfekt bis auf den kümmerlichen Rest weggegessen hatten.

Man lernt im Leben ja aus Erfahrung. Nach Hause schicken lasse ich mir nichts mehr, davon habe ich nichts. Aber ich liebe meinen Schwaben noch heute dafür, dass er tatsächlich an mich gedacht hatte.

Fischbrötchen & Schaumküsse

Als meine Mama noch im aktiven Dienst war, hatte sie selbstredend eine Menge Stammgäste. Wie etwa ihre Schwabinger – nicht zu verwechseln mit »meinen« Schwabingern, die einmal ganz grandios für mich eintraten, als mir ein Gast das Bein stellte …

Was meine Stammgäste anging, freute sie sich immer, wenn der evangelische Pfarrer vorbeikam. »Gott sei Dank, der Pfarrer ist da, da kann ja nix mehr schiefgehn!«, sagte sie prophetisch. Und wenn doch was schiefging: »Toi, toi, toi, der Herrgott wird's scho richten.«

Die Mama halt. Jahr für Jahr kam sie mit einer großen Essenstüte an und verteilte leckere Fischsemmeln unter uns Bedienungen. Wo sie die nur wieder herhatte?

Als ich ihren Service übernahm, tauchte eines Mittags ein Herr in seinen besten Jahren auf, klein, mit grauen Haaren, Bart, in feinsten Loden gekleidet. Mit einem lieben Lächeln reichte er mir eine große braune Tüte und meinte: »Hobt's Hunger?!«

Etwas an der Tüte weckte Erinnerungen. Kaum öffnete ich sie, schlug mir der köstliche Duft von Fischbrötchen entgegen. Mir lief das Wasser im Munde zusammen – und das Rätsel war gelöst.

Michi war eine feste Größe, ich konnte mich jedes Jahr darauf verlassen, dass er uns wieder mit seiner Anwesenheit beehrte. Zwischendurch verwöhnte er uns auch mit Schaumküssen vom Herzl-Stand, was wirklich gleich doppelt süß war. Sein Lieblingsplatz befand sich an der »Hauswand«, genauer gesagt, der Südseite des Zelts, unserer echten Sonnenseite. Oft kam er in Begleitung seines Sohnes oder wurde, als er dann schon älter war, von ihm hergebracht und später wieder abgeholt.

Das Schönste an seinen Besuchen? Natürlich freuten wir uns jedes Mal über die salzigen oder süßen Leckereien. Aber vor allem war es die Wertschätzung, die er im Umgang mit uns auf so liebe Weise zum Ausdruck brachte.

Im September 2022, als ich schon so richtig im Wiesn-Fieber war, erreichte mich eine Mitteilung seines Sohnes Quirin – mit Michis Todesanzeige. Ich war geschockt. 79 Jahre alt war er geworden, und bis auf den Gehstock, den er in den vergangenen Jahren bei sich geführt hatte, war mir sein fortgeschrittenes Alter nie wirklich bewusst geworden.

Das letzte Mal hatte ich ihn 2019 gesehen, dann war Corona gekommen, die Wiesn ausgefallen. Immer mal wieder hatte ich an ihn gedacht und gehofft, dass es ihm gut ginge. Nun aber konnte ich ihm bloß zusammen mit der Mama und einigen anderen Bedienungen die letzte Ehre erweisen.

Noch oft denke ich an ihn, wenn mein Blick über den Platz schweift, an dem er gesessen hatte. Dann stehlen sich ein paar Tränen in meine Augen. Auch das ist Freundschaft: dass am Ende einer übrig bleibt und die Erinnerungen hochhält.

Michi ist nicht der Einzige meiner Stammgäste, der gestorben ist. Manche Menschen, die man liebgewonnen hat, tauchen irgendwann nicht mehr auf der Wiesn auf. Bei einigen kennt man den Grund nicht. Da hat der Strom des Lebens sie an ein fremdes Ufer gespült, sie sind weitergezogen, und man selbst hält nach wie vor die Stellung im »Stall«.

Bei anderen erfährt man durch Verwandte, durch Kollegen, durch Gäste, dass sie unterm Jahr verstorben sind. Das sind meine traurigsten Tage auf der Wiesn. Weil jeder Gast einzigartig ist, wie ein Sonnenstrahl, der einen wärmt. Und plötzlich ist die Welt ein bisschen kühler geworden.

Vielleicht schauen sie ja vom Himmel auf uns herab und amüsieren sich über die gute Zeit, die wir gemeinsam auf Erden verbracht haben. Vielleicht sehe ich sie auch eines Tages wieder. Und dann? Dann schleppe ich selbst posthum noch dankbar die himmlische Maß, mit der unsere Freundschaft begann.

Pferderettung

Auch mein Finderlohnpärchen, Bärbel und Fritz, habe ich inzwischen aus den Augen verloren.

Als unser Sohn noch klein war, stand mein Mann eine Weile ohne Job da. Wenn sich nicht bald etwas tat, mussten wir umziehen, und mir würde nichts anderes übrig bleiben, als mein Pferd zu verkaufen.

Das belastete mich, ich war traurig, auch wenn ich mich bemühte, trotz allem mit einem breiten Lächeln im Gesicht durch den Biergarten zu laufen. Echte Freunde aber spüren es, wenn etwas nicht in Ordnung ist. Und fragen nach. So war das auch mit Bärbel und Fritz. In einer ruhigeren Minute deutete ich an, was gerade so los war bei mir. Darüber reden zu können, bedeutete mir viel, denn ich fühlte mich von den beiden verstanden.

Bevor sie an jenem Abend gingen, überreichte Fritz mir einen Umschlag mit den Worten: »Dein Pferd musst nicht verkaufen, das sponsern wir jetzt, zumindest a bissi.«

Ich war völlig sprachlos, mir kam kein Wort über die Lippen. Stattdessen kullerten mir Tränen über die Wangen.

Ich werde nie vergessen, was die beiden damals für mich getan haben.

Der Maggy-o-mat

Dann ist da die Sache mit dem gegenseitigen Vertrauen. Wenn ein Stammgast seinem kleinen Kind einprägt, sich an die Maggy zu wenden, wenn es mal verloren gehen sollte, dann ist das wohl das höchste Vertrauen, was man mir erweisen kann – dicht gefolgt von den Runden, die ich mit den Zwergen von Zeit zu Zeit durchs Zelt und in der näheren Umgebung drehen darf. Da muss nicht groß erläutert werden, was kindgerecht ist, ob es noch mehr Süßigkeiten geben darf oder nicht. Das spürt man, denn da herrscht dieselbe Wellenlänge. Und eben das Vertrauen, dass ich ein fremdes Kind so behandle, wie ich meines behandelt habe. Das ist immer ein großes Geschenk.

Und sie funktioniert auch wieder in beide Richtungen, die Sache mit dem Vertrauen. Stammgäste sind Menschen, mit denen man sich auch über andere Themen unterhält als über das Bier und das Essen. Alkohol macht geschwätzig, was ich zuweilen zu hören bekomme, ist aber so was von privat. Und vielleicht öffne

167

auch ich mich, wie das eben so läuft, wenn der eine beschwipst ist, die andere nicht, und man »Stunde der Wahrheit« spielt. Da greift das Gesetz: »What happens auf der Wiesn, stays auf der Wiesn.« Ich käme niemals auf die Idee, wirklich private Dinge weiterzuerzählen. Denn egal, ob ein Gast nüchtern, ernüchtert oder besäuselt ist: Vertrauen ist immer ein Geschenk, und das behandle ich als solches.

Echtes Vertrauen bewies auch ein Gast, als er mir ein paar Wochen vor der Wiesn schrieb. Er hatte eine ganz besondere Anfrage – und zwar wollte er gern meine Kontonummer, um mir eine mittlere vierstellige Summe zu überweisen. Es handelte sich um Geld, das er das Jahr über zurückgelegt hatte, um sich auf der Wiesn keine Gedanken über das Finanzielle machen zu müssen.

»Das ist genial, dann muss ich kein Bargeld mitnehmen. Du rechnest es einfach zusammen, und wenn was übrig bleibt, überweist du es zurück.«

Auf jeder Wiesn war er nahezu täglich bei uns. Es kam, wie es kommen musste. Nach einer Woche gab ich die erste Warnmeldung an ihn heraus, nach zehn von 16 Tagen war das gesamte Geld aufgebraucht.

»Oha«, meinte er bloß, überlegte hin und her und kam dann zu dem Schluss, dass er die nächsten Tage besser in bar bezahlte, um den Überblick zu behalten.

»Keine Ahnung, wie ich das meiner Frau erklären soll, dass ich so viel versoffen hab.«

Immerhin hat er eine Gaudi gehabt. Und auch die ist ja, neben der Freundschaft, der Wertschätzung und dem Vertrauen, eine Basiseigenschaft von Stammgästen.

Das Zelt im Zelt

Wie gesagt, Stammgäste zeichnen sich dadurch aus, dass sie öfter als bloß ein-, zweimal bei mir auftauchen. Trotzdem ist nicht jeder, der sich wiederholt bei mir niederlässt, mein Stammgast.

Ein kleiner, aber feiner Unterschied gefällig?

Da waren zum Beispiel die Jungs, die solch einen Narren am Biergarten gefressen hatten, dass auch ein Dauerregen sie nicht vertreiben konnte. Wie so viele Gäste hatten sie ursprünglich ins Zelt gewollt, das wegen Überfüllung geschlossen war – und dann war aus der Not eine Tugend geworden. Inzwischen gefiel es ihnen draußen einfach besser.

Jedenfalls plätscherte es eines Abends wirklich ordentlich, ich trug meinen roten Giftzwergumhang, darunter zwei Lagen Fleece. Nachdem ich für ein paar Minuten im Zelt verschwunden war, um Essen für einen weiteren regenresistenten Gast zu holen, kehrte ich zurück und sah mich einigen baulichen Veränderungen gegenüber. Da hatten die Jungs sich doch tatsächlich eine Bierburg gebaut: Durch geschicktes Stapeln und Schichten von Bänken wie Tischen hockten sie völlig im Trockenen. Schlau, ja, durchaus. Aber was sie als Stammgäste disqualifizierte?

Ich könnte ein Quiz draus machen.

Stammgäste hätten gefragt? – Ja, definitiv.

Stammgäste hätten nicht mal das Bedürfnis nach einem Regenschutz gehabt? – Teils-teils.

Die Auflösung ist ganz einfach. Die Jungs verschwanden irgendwann in die Nacht und ließen die Bierburg stehen. Die wir dann in strömendem Regen abbauen durften. Jetzt ist es nicht so, dass wir körperliche Arbeit scheuen. Doch das war einfach schade, so grußlos abzutauchen und es als selbstverständlich hinzunehmen, dass wir die Aufräumarbeiten für sie erledigten.

Wer jetzt allerdings meint, dass er sich eine Bierburg bauen darf, wenn er nachher brav alles verräumt: Nein, nein und noch mal nein. Geniale Ideen finden Nachahmer, wovon auch mein lieber ehemaliger Kollege Michi aus dem Bräurosl ein Lied singen kann. Ganz zu schweigen davon, dass das, was man im Suff, hoppla, im berauschten Zustand konstruiert, alles andere als sicher ist. Es ist kein Kartenhaus, was da einstürzen würde, es geht um Bänke, Tische, Holz, Eisen. Und auch wenn viele gut mit Brett vorm Kopf überleben, ist das schwere Brett, das einem auf den Kopf kracht, ein ganz anderes Kaliber.

Dieser Gefahr war sich ein weiterer meiner Stammgäste wohl bewusst: Karl, schon des Öfteren erwähnt als derjenige, der eigens einen Ingenieur beauftragte, um ihm einen Regenschutz für den Biergarten zu konstruieren. Dieser sollte nicht nur den Wassermassen, sondern auch den tückischen bayerischen Bauvorschriften standhalten.

Die Geschichte geht folgendermaßen:

Wer den Biergarten auf der Wiesn liebt, macht sich bis zu einem gewissen Grad wetterabhängig. Oft ist es Mitte bis Ende September noch herrlich sonnig. Manchmal aber regnet es eben doch, und zwar ordentlich. Dann setzen die Wassermassen dem Untergrund derart zu, dass wir Holzplanken auf dem Kies verteilen müssen. Tückisch, da rutschig, aber wenn das Unwetter so weit gediehen ist, halten eh nur noch die Hardliner unter den Gästen Stellung, und unsere Arbeit reduziert sich auf ein Mindestmaß.

Mein lieber Karl hat noch nie wie die anderen Gäste gedacht. Die Gleichung »Biergarten + Starkregen = früher heimgehen« erschließt sich ihm nicht. Als Wiesn-Besessener dreht sich bei ihm alles darum, das Vergnügen so authentisch wie möglich zu gestalten und selbstredend die Tradition zu wahren. Und zu der gehört eben auch, im Biergarten zu sitzen, auf seinem angestammten Platz, wo nach fünf bis sieben Tagen das Holz schon ganz abgeschubbert ist.

Nun ist der Karl beileibe kein Einzelgänger. Ich könnte mir allerdings vorstellen, dass nicht jeder seiner Begleiter denselben Grad an Euphorie aufweist, wenn es um den Besuch des Biergartens bei fiesem Wetter geht. Womit wir (endlich) bei dem legendären Treffen mit seinem Ingenieur angelangt wären (ich sagte ja schon, er ist hervorragend vernetzt). Ich sehe sie vor mir, wie sie mit Bleiftiftstummeln auf regenfeuchtem Papier Skizzen anfertigten, vermutlich geschah dieser Part aber im Trockenen und am Computer. Heraus kam jedenfalls ein igluartiges Zelt, das sich über einen gesamten Biertisch mitsamt Bänken erstreckte, die Zeltfolie gehalten durch ein kompliziertes Gestänge aus Fiberglas. Das perfekte Produkt: zweckmäßig, mit einer ganz eigenen Ästhetik, leicht aufzubauen und in einem Säcklein zu transportieren. Sogar an den Zugang für uns Bedienungen an den Seiten hatten sie gedacht, unglaublich!

Nie werde ich den Anblick vergessen, wie der Karl mit seinen Leuten da unterm Zelt hockte, die ganze Truppe trocken, die Zeltwand leicht beschlagen, vor sich eine Maß. Genial! Das wäre glatt was für eine Sonderausstellung gewesen, Sparte Kuriositätenkabinett.

Dass der Karl damit nicht in Serienproduktion ging, hing einzig damit zusammen, dass das Zelt schwer einsehbar war, somit die Fantasie der Sicherheitsleute beflügelte und weitere Bedenken hinzukamen. Was, wenn ein groß gewachsener Gast, nicht mehr im Vollbesitz seiner geistigen Kräfte, sich torkelnd erhob, um einen Toast auszubringen, und die halbe Gesellschaft von den Bänken riss? Oder am Ende ein Orkan aufkam? Plastik und Nasenöffnungen vertragen sich nicht, so was wollte und will keiner riskieren.

Aus einem ähnlichen Grund werden auch die Riesenfolien nicht gern gesehen – nicht, dass etwa noch Tod durch Ersticken droht.

Es hat schon einen Grund, dass rund um die Theresienwiese kein Baumarkt zu finden ist.

Ganz ehrlich? Erzählt's nicht dem Karl, aber ich bin nicht böse drum, dass sein Iglu fort ist. Wenn es dermaßen regnet, dass man seine Fuhre Bier schon beim Servieren mit dem Regenschirm beschützen muss, damit der Inhalt nicht verwässert, dann muss ich nicht unbedingt arbeiten. Dazu ist der Mensch nicht gedacht, dann hätte er drei Hände.

Was den Regenschirm angeht – den hat der Karl inzwischen wiederentdeckt und häufig nachgekauft, diesmal ganz ohne Ingenieur. Und so sitzt er da, trotzt Nieselregen, Güssen, Graupelschauern und lässt sich die Laune von so einem bisschen Wasser nicht verderben. Eigentlich sehr authentisch, im Bier sind ja auch über 90 Prozent Wasser enthalten.

Zugehörigkeiten

Irgendwie wollen wir Menschen uns gerne zugehörig fühlen. Die Ikea-Fraktion löst das, indem sie stapelweise Aufkleber mit der schwedischen Flagge im Gepäck hat und an die anderen Stammgäste verteilt. Wer also mal einen Gast bei mir sitzen sieht, auf dessen Stirn eine blaue Fahne mit gelbem Kreuz prangt, der kann gern »Skål!« sagen, muss sich aber nicht wundern, wenn das Gegenüber dann plötzlich bayerisch daherredet. Mit großer Sicherheit war's ein heimischer Stammgast von mir, ich tippe auf den Karl.

Manche bekommen zur besseren Unterscheidung von mir auch mal ein Namens-Glubberl geschenkt. Oder schwatzen mir eines mit meinem Namen ab, was durchaus zu Verwechslungen führen kann. Vielleicht ist es ja an der Zeit, dass ich eine Charge *Wohnzimmer-*

Glubberl in Auftrag gebe. Einige werden vielleicht ein wenig verwundert schauen, aber wer die Story kennt, denkt sich seinen Teil.

Hin und wieder bekommen die »normalen« Gäste natürlich mit, dass zu den Leuten im Wohnzimmer eine besondere Beziehung besteht. Dann fragen sie: »Ist das Ihre Familie?«

Früher habe ich Nein gesagt und mit dem Erklären begonnen. Jetzt sage ich einfach Ja. Denn wenn ich ehrlich bin, ist es inzwischen mehr als Freundschaft, was uns verbindet.

Es gibt sie, diese Menschen, mit denen man länger keinen Kontakt hat – und dann trifft man aufeinander und fühlt sich, als hätte man sich erst gestern gesehen. Das ist doch eigentlich schon Familie …

Manchmal sieht man es den »normalen« Gästen an, dass sie gern dazugehören würden. Auch liebend gern Stammgast wären. Weil sie sich wünschen, Teil einer derart eingeschworenen Gemeinschaft zu sein.

Der Weg dorthin ist eigentlich ganz einfach zu finden. Mit im Gepäck haben muss man Wertschätzung, Loyalität, den Wunsch, den Menschen hinter seinem Beruf kennenzulernen. Und für ihn einzustehen.

Jede Bedienung hat ihre Stammgäste, jeder hat ganz eigene Geschichten zu erzählen. Im Kern, denke ich mir, beginnen alle mit dem ersten Schritt. Und der besteht in einem Lächeln, einem Gruß. Als Gast öffnet man auf diese Weise eine Tür. Und dahinter?

Kann einen alles erwarten.

Als einer meiner »normalen« Gäste mitbekam, dass die Stammgäste meine Telefonnummer haben, wurde er ganz wepsig.

»Gibt's das wirklich, dass Gäste die Privatnummern von Bedie-nungen kriegen?«, fragte er.

»Ja, logisch«, meinte ich. »Der ganze Tisch dahinten hat meine Nummer.«

Seine Augen wurden glasig. Das sprengte seine Vorstellungs-kraft.

»Was muss ich denn tun, damit ich auch deine Nummer kriege?« Ich musterte ihn. »Ist das jetzt eine billige Anmache, oder was?«

Hastig entschuldigte er sich, das sei nicht so gemeint gewesen. Er fände die Gemeinschaft nur so nett und würde gern dazugehören.

Wie soll ich sagen? Er hat meine Nummer bis heute nicht. Ir-gendwann ist ihm schlichtweg die Geduld ausgegangen.

Tutorial:
Wie werde ich Stammgast

Stammgäste genießen Vorteile. Nicht in Form von Freibier oder dem Einlass ins überfüllte Zelt – da wollen sie nämlich gar nicht hin. Sie fühlen sich dort wohl, wo der Zufall sie hin-gepflanzt hat. Und aus irgendeinem magischen Grund blei-ben sie da hocken.

Wer Stammgast wird, entscheidet die Chemie. Jeder muss sich wohlfühlen: mit den anderen Gästen, der Bedienung, der Stimmung, dem Ort. Wenn alles passt? Kommt man wieder. Begrüßt die Bedienung. Lernt ihren Namen. Verabschiedet sich nett.

Und dann?

Macht man einfach so weiter. Taucht im nächsten Jahr wieder auf, und wenn die Bedienung sich noch an die typische Bestellung erinnert, man auch mal was Privates redet, ist man auf dem richtigen Weg. Dann kann sich eine echte Freundschaft anbahnen. Eine, bei der man für den jeweils anderen da ist, sich etwas bedeutet, etwas Besonderes füreinander ist.

Und wenn man sich umschaut? Dann merkt man: Da sitzen ja noch mehr. Und mit denen fühlt man sich auch so richtig wohl. Die gehören ab sofort mit zum Leben dazu.

Kapitel 10

Nach der Wiesn ist vor der Wiesn

... und der Rest von heute

Hätte Albert Einstein mal einen Tag auf der Wiesn gesessen, hätte er vielleicht gar nicht so lange forschen müssen, um draufzukommen, dass Zeit relativ ist.

Wenn einer durstig auf seine Maß wartet, dauert's für ihn gefühlt Stunden, selbst wenn wir Bedienungen durch die Gänge fliegen. Und wenn alles so richtig gut läuft, die Chemie zwischen den Gästen und uns Bedienungen stimmt, man aus dem Grinsen nicht herauskommt – dann vergeht der Tag derart schnell, dass man es einfach nicht fassen kann.

So oder so: Die Zeit vergeht. Und dann ist es plötzlich so weit. Dann ist von den »15 Tagen und dem Rest von heute« nur noch der Rest von heute geblieben.

Der letzte Tag hat eine ganz eigentümliche Stimmung. Man fühlt sich zerrissen zwischen dem Gedanken »Noch ist es nicht zu Ende, noch kann man das Miteinander und den Spaß genießen« und dem Wissen: »In wenigen Stunden ist es vorbei.«

Auch am letzten Morgen frühstückt die Belegschaft zusammen. Da kommt längst Wehmut auf, aber auch Freude auf zu Hause. »Auf geht's, pack ma's noch amoi«, sage ich irgendwann, auch zu meinen Füßen, dem Kreuz, die anders als der Rest von mir nichts dagegen hätten, wenn schon Abend wäre. Und dann legen wir los. Nehmen Bestellungen auf, bedienen unsere Gäste, räumen ab und alles wieder von vorn.

Und dazwischen? Ist Abschied angesagt, der zieht sich über den ganzen Tag. Da wir alle ziemlich eingespannt sind und es oft noch mal arg zugeht, nutzen wir jede freie Minute, um unsere Kolleginnen und Kollegen wenigstens einmal rasch in den Arm zu nehmen: die Schankwirte, die Abräumer, die Leute in der Küche, die Bedienungen drinnen: »Servus, mach's gut, bis nächstes Jahr.«

Mittags kommen die Familien auf ein paar Stunden vorbei, mit etwas Glück haben wir Zeit füreinander. Und wenn nicht? Dann tut es einfach gut zu wissen, sie sind da und sie machen sich ein paar schöne Stunden. Nur die Mama ist leider nie dabei, für sie ist das Kapitel Wiesn abgeschlossen. Nicht, dass sie nicht weiterhin jedes Detail wissen wollte. Aber rausfahren, noch mal Wiesn-Luft schnuppern? Das will sie nicht. Ich verstehe sie. Wie es mir wohl einmal gehen wird, wenn die Zeit gekommen ist, vom aktiven Wiesn-Dienst Abschied zu nehmen? Da würde mir vermutlich das Herz brechen, wenn ich nicht mehr mitmischen könnte und nur Zaungast wäre. Vielleicht aber auch nicht. Wie würde die Mama sagen? »Des buid's da bloß ei!«

Und unsere Gäste? Wie wir haben sie der Wiesn entgegengefiebert, hatten Wünsche, Erwartungen. Ob die sich erfüllt haben? Vielleicht sogar übertroffen wurden? Das hoffen wir, denn dafür haben wir alles gegeben. Haben unsere Liebe zur Wiesn und unseren Gästen vor uns hergetragen wie die Maßkrüge und überall verteilt. Haben ihnen mit unseren Tanz- und Gesangseinlagen was zum Lachen geliefert. Ganz gleich, ob sie sich nun über uns oder mit uns amüsiert haben, was zählt, ist der Spaß, den man miteinander hat.

Manchen Gästen geht es wie uns, sie können oder wollen es gar nicht glauben, dass schon wieder alles vorbei ist. Jede Sekunde wollen sie genießen, am liebsten würden sie sie konservieren, aber das geht nun mal nicht mit Zeit und Gefühlen, und deshalb ist jeder Moment so einzigartig.

Gegen Abend hin, wenn es langsam kühler wird, kehrt plötzlich Ruhe ein. Die Breznfrauen sind bereits verschwunden, unsere Susanne vom Herzl-Stand schaut noch mal vorbei, und man fragt sich einmal mehr, wo die Zeit bloß geblieben ist.

Nach und nach verabschieden sich auch die Stammgäste. Spätestens jetzt fließen bei mir die Tränen, und es macht Sinn, dass ich mein Gschirr ordentlich mit Taschentüchern bestückt habe. Ich werde wehmütig und bin zugleich dankbar, dass ich so viele liebe Menschen kenne.

In den Zelten geht es auch spät noch hoch her, und alle, die noch nicht auf ihre Kosten gekommen sind, gehen jetzt in die Vollen. Die Jüngeren unter uns wollen vielleicht noch feiern und schlagen erst am nächsten Tag daheim auf. Der Rest aber ist einfach nur kaputt.

Irgendwann heißt es dann ein letztes Mal: Pack ma's. Und dann ist es tatsächlich so weit, dann ist der letzte Biertisch geschrubbt, die letzte Bank gestapelt. Der Schrank ist ausgeräumt, die Abrechnung gemacht, der Schlüssel abgegeben. Und von dem Rest von heute ist nichts mehr übrig.

Mit voll beladenem Auto fahre ich zur Mama. An diesem Abend will ich keine Suppe mehr, da will ich nur noch duschen, Haare waschen und ins Bett. Bloß nichts sehen, nichts hören. Die Mama erinnert sich noch genau an den Zustand nach der Wiesn, sie lässt mich in Frieden.

»Is scho recht!«, sagt sie bloß. Und wer meine Mama kennt, weiß, wie liebevoll sie das meint.

Tage wie diese

Am nächsten Vormittag geht es nach Hause. Da kehrt sie zurück an den heimischen Herd, die Ausreißerin. Ich freue mich auf meine Männer, mein Pferd, die Katze.

Und zugleich bin ich doch noch gar nicht wieder da. Der Körper kann es nicht so recht glauben, dass er sich jetzt ausruhen darf. Und dankt er es einem? Nicht wirklich! Die Wiesn-DNA, die einen die letzten Tage bis zur Ziellinie geprügelt hat, scheint auf einmal in den Ruhemodus geschaltet zu haben. Und plötzlich meldet sich jeder einzelne Muskel, jedes noch so kleine Gelenk und schreit: Schmerz!

Allein der Kopf schafft hier Abhilfe, denn er lässt mir gar keinen Raum, mich im Schmerz zu suhlen. Die Gedanken fahren Kettenkarussell. Pausenlos, Runde um Runde, höher, schneller, und dazwischen blitzen Gesichter und Situationen auf, die sich irgendwann zu Erinnerungen zusammenfügen an den schönsten, den traurigsten, den schlimmsten Tag.

Der schönste Tag der Wiesn ist immer der erste. Wenn man eine frisch gebrannte Cashew in den Mund steckt, der Zuckerüberzug ganz kross und noch warm, und die Wiesn ein unbeschriebenes Blatt ist, das sich mit Geschichten von Menschen füllt, die einem ans Herz wachsen.

Der schönste Tag ist aber auch der letzte, wenn der Kopf so übervoll ist mit Eindrücken, mit Erlebnissen, wenn der Körper signalisiert, dass er dringend eine Pause braucht, man die Faxen so mancher Gäste dicke hat und sich auf zu Hause freut.

Der traurigste Tag ist, wenn man erfährt, dass ein Gast gestorben ist, und man realisiert, man wird sie oder ihn niemals mehr wiedersehen.

Der anstrengendste Tag ist immer der mittlere Samstag. »Ois isi« ist da nix.

Der schlimmste Tag ist ebenfalls der letzte, denn während man gegen Mitternacht die Tische abwischt, die aufgeschürfte Haut an den Händen brennt und man ganz einfach nicht mehr kann, dann wird einem klar, dass es 50 Wochen dauern wird, bis man wieder da steht, zusammen.

Und der übelste Tag? Der ist schon eine Weile her. Es war so richtig voll im Biergarten, als ich mich mit einem Tablett mit acht Essen durch die Menge schlängelte. Eine echte Herausforderung und zugleich nichts Besonderes, war ja nicht meine erste Ladung an dem Tag. Ich schaffte es bis zum Tisch, und jetzt will man sich beim Abstellen als große Frau ja nicht dermaßen runterbeugen, dass die Gäste einem in den Ausschnitt bis Richtung Bauchnabel stieren. Also geht man in die Knie. Möglicherweise gelang mir das mit dem übervollen Tablett in jenem Moment nicht so majestätisch wie erhofft. Und als hätte es schon hinterhältig auf mich gewartet, erwischte mich das Malheur. Ausgerechnet der Teller mit dem Hirschkalbsgulasch und der reichen Schwammerlsauce rutschte vom Tablett und weiter über die Tischkante, um sich auf die Lederhose des Mannes neben mir zu ergießen. Zefix!

»Typisch Bedienung! Kannst ned aufpassn!«, schrie er mich an. Er war ein aufbrausender Zeitgenosse, ich konnte seinen Ärger ja verstehen. Hastig sorgte ich dafür, dass die restlichen Teller zum

Stehen kamen, packte einen Stapel Servietten und versuchte, das Missgeschick zu beseitigen. Dass ich da an seiner Hose rumfummelte, gefiel ihm genauso wenig wie mir. Brandneu war sie, sicher hatte er sich vorgestellt, wie er mit dem schönen Teil auf der Wiesn umherstolzierte. Wieder und wieder entschuldigte ich mich bei ihm, es war ja auch wirklich saublöd, dass mir das passiert war.

Nun gibt es solche Momente im Leben einer Bedienung – und in dem eines Gastes. Natürlich macht es einen nicht glücklich, wenn die schöne Kleidung verdorben ist. Ich konnte es jedoch nicht rückgängig machen und versicherte ihm, dass ich für die Reinigung aufkommen würde. Das Bier, das er geordert hatte, gab ich ihm aus, das Essen ging sowieso auf meine Kosten, jetzt war schon alles egal. Doch ihn juckten meine Versuche, ihn gnädig zu stimmen, nicht im Geringsten.

»Wia bläd is ma denn?«, schob er nach, seine Bemerkungen wurden immer herabwürdigender. Klar, in seinen Augen war ich der Fußabtreter, nur eine blöde Bedienung. Zu allem Überfluss bestand er darauf, sich offiziell über mich zu beschweren. Also führte ich ihn ins Büro. Vielleicht fühlte er sich danach ja besser, inzwischen prangte auch nur noch ein Fleck auf seiner Hose, das meiste hatte eh der Kies gefressen.

Eine meiner lieben Bürodamen kam später zu mir, beruhigte mich, dass sie für solche Fälle versichert seien, und meinte: »Mach dir keinen Kopf, so was ist menschlich und kann jedem passieren.« Ihre Worte taten gut, doch zugleich spürte ich immer, wenn ich an dem Tisch mit besagtem Herrn vorbeikam, wie meine Hände zu zittern anfingen. Es war nicht mal der peinliche Vorfall, der mir so naheging, es waren die abwertenden Blicke und Worte, die mich trafen. Selten war ich so froh gewesen, dass jemand sich zeitig verabschiedete.

In derselben Woche stellte ich gerade eine Fuhre Bier auf dem Tisch vor den Gästen ab. Dabei machte sich eine Maß selbstständig, rutschte an der Kante runter und verpasste einem bildhübschen Mädel um die 20 eine ordentliche Bierdusche. Nicht schon wieder!

Und sie? Guckte mich an und fing an zu lachen.

Ich entschuldigte mich hastig bei ihr, murmelte etwas von wegen: »Die Woche war echt schlimm.« Sie aber lachte einfach nur, zwinkerte und meinte: »Ist doch bloß ein Dirndl und nicht die Welt. Dann stink ich eben früher nach Bier als erwartet.«

Nach dem, was mir ein paar Tage zuvor mit dem Sauce-auf-Lederhosen-Träger passiert war, tat es unglaublich gut, so menschlich behandelt zu werden. Sie ging aufs Klo, legte sich trocken, und dann feierte ihre ganze Gruppe bei mir statt im Zelt.

Fehler passieren, wir sind halt Menschen. Oder frei nach der Mama: »Ein Kopf, zwei Hände, zwei Füße, man kann nur sein Bestes geben, und Shit happens!«

Was ich auf der Wiesn fürs Leben gelernt habe

Im Wein liegt die Wahrheit, im Bier die Geselligkeit, und was die Wiesn angeht? Da lernt man fürs Leben:

- Bewegung tut gut, meine Füße sehen das 16 Tage im Jahr anders.
- Immer schön die Ruhe bewahren. Es nutzt ja meist nix, sich aufzuregen, vor allem, wenn man eh grad nichts an der Situation ändern kann.

- Menschen auf einen Blick einschätzen: Das muss mit der Wiesn-DNA zusammenhängen. Man weiß es einfach, wie jemand drauf ist, ob Freund, ob Feind. Meistens jedenfalls.
- Mit Hektik umgehen können. Was jetzt nicht heißt, dass ich sie brauche.
- Wahre Freunde zu schätzen wissen. Auch wenn man sich fast ein Jahr nicht sieht.
- Frei nach Martina Schwarzmann: »Es muas oam a was wurscht sei kenna!«

Lass ma mei Ruah!

Zwei Wochen dauert's, weiß mein Mann. Zwei Wochen, in denen ich erst mal wieder ankommen muss und er mich besser in Ruhe lässt. Den exzessiven Gebrauch von Schimpfwörtern habe ich schon erwähnt. Der flacht ab, und doch haben sich die Dinge, die man während der Wiesn nur denkt und nicht ausspricht, einen Pfad in meine Hirnwendungen gegraben und drängen ins Freie.

Zwischen dem ganzen Gefluche fährt die Stimmung Achterbahn. Ja, es gibt ihn, den Wiesn-Blues. Dann vermisse ich meine Family, die Laune ist im Keller, apropos, der gehört auch endlich mal wieder aufgeräumt. Wehe, jemand kommt auf die glorreiche Idee, jetzt Nana Mouskouris »Guten Morgen, Sonnenschein« anzustellen, um mich aufzumuntern. Das Lied singen wir Bedienungen gern dann, wenn ein Gast aus seinem Rausch aufwacht. Und ich spiele es regelmäßig ab, wenn mein Neffe vor der Wiesn-Schicht noch verschlafen ins Auto steigt. Lachen und Weinen liegen bei mir sowieso schon dicht beieinander und nah an der Oberfläche, da sollte man jegliche Trigger vermeiden. Ich brauche einfach Zeit, um mich wieder auf den Alltag einlassen zu können. Zeit und die Aussicht auf etwas Schönes …

Wenn der Papa mit uns Kindern auf die Wiesn ging, dann packte er oft die ersten Lebkuchen, die es in den Geschäften zu kaufen gab, als Brotzeit ein: die kleinen weißen mit Schokolade, die ich am liebsten mochte, und dazu ein paar Dominosteine. Nach der Wiesn, das merkte ich mir, kam Weihnachten. Und der Gedanke lebt immer noch in mir: Wenn Wiesn ist und es wieder Lebkuchen gibt, beginnt auch schon die Vorweihnachtszeit. Dann zählt eine andere Art des Beisammenseins.

Und das ist für mich die Essenz des Lebens wie auch der Wiesn. Zusammen, beisammen sein. Mit Menschen, die man mit dem Herzen sieht. Und solchen, bei denen man es in der Zukunft noch tun wird.

Heeey, hey, Baby

Nach und nach überwiegt schließlich das Schöne. Mit der Wiesn-Family ist man in lockerem Austausch, zwischendurch meldet sich mal ein Stammgast mit einem »Servus, wie geht's«. Und schon piks sie einen wieder, die Sehnsucht nach der guten Zeit, die man miteinander gehabt hat.

Und wenn es mich so richtig reißt, dann stell ich meine Playlist an und rocke drauflos. Vorzugsweise, wenn mein Mann auf Geschäftsreise und außer der Katze wirklich niemand Zeuge ist.

Mit der Musik kommen Erinnerungen hoch. »Hulapalu« … wie wir Bedienungen in der Warteschlange vorm Anstich standen und im Chor mitgesungen haben: »Hodiodioooodiooodie …«

Und natürlich »Emoji Baby« … Das war doch erst letztens, dass der Oimara auf der Wiesn auftauchte, bei uns im Biergarten, um die Portis zu besuchen! Als Fan der ersten Stunde fragte ich ihn durchaus ein bisschen penetrant, ob er denn nicht für mich singen möge, »nur ein Lied, biiiiiiiittteeeeee«!

»Aber nur, wennsd mitsingst«, meinte er da.

Ich sehe es noch genau vor mir. Wie er doch tatsächlich seine Gitarre auspackte. Wie ich, übers ganze Gesicht strahlend, schnell meine Gäste versorgte und mich für die nächsten Minuten verabschiedete. Wie wir da standen, ich lauthals mitgesungen und alles um mich herum ausgeblendet habe: »Heey, hey, Baby, ich steh aufm Schlauch …« Wie mich nichts gejuckt hat, die Zuschauer nicht, die Leute mit ihren Handys nicht …

Dieses Gefühl, völlig selbstvergessen zu singen und zu tanzen … Was für eine Gaudi!

Irgendwo zwischen Adventskranz schmücken und Plätzchenteig komme ich dann wieder zu mir. Muss den Kopf schütteln, lachen, und wer mich kennt, weiß, dass ich auch zu heulen anfange. Weil es eben so schön war auf der letzten Wiesn.

Und dann?

Richtig. Dann fang ich zu zählen an und sag mir: Nach der Wiesn ist vor der Wiesn.

Nachwort

Eines Tages besuchte mich Inga, eine liebe Bekannte, im Biergarten. Es war das Jahr 2022, die erste Wiesn nach Corona, und ich in bester Laune, weil ich endlich wieder in meinem »Stall« sein konnte. Gerade war nicht so viel zu tun, wir kamen ins Ratschen, und ich erzählte Inga ein paar Geschichten: vom verlorenen Gast und dem Finderlohn, vom Wiesn-Adventskalender und wie viel Spaß uns die Wiesn überhaupt macht.

»Maggy, du solltest ein Buch schreiben!«, meinte sie da.

»Ja, genau«, entgegnete ich lachend. »Wenn ich nachdenk, könnten's drei bis fünf Bücher werden.«

Einige Wochen nach der Wiesn rief mich Inga an und meinte, ich solle mich mit ihr in Schwabing treffen, dort wäre jemand, den sie mir gern vorstellen möge. Äha, würde die Mama sagen. Viel mehr bekam ich aus Inga nicht heraus. Also machte ich mich auf den Weg nach München – und landete in der AVA Literaturagentur. Dabei hatte ich das doch bloß so dahergesagt mit den Büchern. Jedenfalls nahm das Schicksal seinen Lauf – für mich noch immer unglaublich, und ich möchte dir, liebe Inga, an dieser Stelle ganz besonders danken.

Die Geschichten, die ich Inga und dann auch meinem Agenten erzählt habe, finden sich allesamt in diesem Buch wieder. Was nicht vorkommt und was mancher vielleicht vermisst, sind die Promis. Klar schaut auch im Biergarten immer wieder mal ein Promi vorbei, dann tun wir gern so, als würden wir sie oder ihn nicht erkennen. Auch das ist ein ungeschriebenes Gesetz. Denn bei uns im Biergarten kommen alle zusammen, egal wer. Uns geht es um die Menschen hinter den Namen.

Apropos Namen: Nicht wundern, wer manche Geschichten kennt, ich habe mir erlaubt, den einen oder anderen Namen zu ändern. Rein zum persönlichen Schutz.

Als ich noch rank und schlank war und mit der Wiesn anfing, war ich im Gesamten ziemlich grün hinter den Ohren: nicht so schlagfertig und im Umgang mit anderen Menschen lange nicht so versiert. Damals hätte ich bestimmt nicht gedacht, jemals ein Buch zu schreiben. Da wünschte ich mir noch einen Bauernhof mit vielen Tieren, und das Highlight war die Landwirtschaftsausstellung, die inzwischen alle vier Jahre hinterm Riesenrad zur selben Zeit wie die Wiesn stattfindet. Doch mit der Zeit lernt man die Menschen allein durchs Zusehen kennen, da kriegt ma a Gspür, und was den Umgang mit ihnen und auch die Schlagfertigkeit angeht, hatte ich ja ein Vorbild – meine Mama nämlich.

Zugleich war die Wiesn von Anfang an meine große Liebe und meine Leidenschaft, und ich weiß, dass ich dort genau am richtigen Platz bin. Weil ich Menschen gern zusammenbringe und weil es schön ist, sich mal auszuklinken und ein Stückchen Frieden auf dieser Welt zu haben, und wenn es bloß im Biergarten ist, für ein, zwei Stunden oder auch für 15 Tage und den Rest von heute.

Natürlich habe ich all die Geschichten ganz aus meiner Sicht erzählt. Und ich hoffe, dass diese Perspektive meinen Gästen die Wiesn noch ein Stückerl näherbringt. Das Bier ist ihr Lebenssaft, und die Gäste und die Bedienungen sind das Herz, das ja bekanntlich zwei Kammern hat.

Wem meine Stories gefallen haben und wer vielleicht auf der nächsten Wiesn mal vorbeischauen will: Gern! Vielleicht sind die Schokoriegel in meinem Geschirr von anderen und die Gummibärli von mir selbst längst aufgefuttert. Und ziemlich sicher hob i koa Zeit, i muas ja arbatn! Aber wer weiß? Vielleicht setzt ihr euch in den Biergarten, bei mir oder bei anderen, und sperrt die Ohren auf – denn alle 272 Bedienungen bei uns haben eine Menge zu erzählen, könnten Bücher schreiben, und einige von ihnen waren live bei dieser oder jener Geschichte mit dabei.

Und wenn ihr wiederkommt und die Chemie stimmt?

Dann schaun ma amoi, ob im Wohnzimmer Platz für alle ist.

Danksagung

Als Erstes möchte ich mich bei meinem Agenten Markus Michalek und dem ganzen Verlagsteam bedanken, insbesondere meiner Lektorin Alina Rothmeier und natürlich auch dem Fotografen. Sie hatten einen geradezu unmenschlichen Glauben an mich und dieses Buch. Danke auch meiner lieben Angela Kuepper, die alles aus mir rausgeholt hat und ohne die dieses Buch nicht so, so, so schön geworden wäre.

Ein ganz großer Dank gilt meiner Familie, allen voran meiner Mama, ich glaub, das muss ich jetzt nicht mehr erklären. Meinem Mann, der, egal was ich sag, egal was ich mach, immer hinter mir steht und immer für mich da ist, auch wenn ich meinen Wiesn-Jargon raushaue. Und meinem Sohn, auf den ich stolzer nicht sein könnte, der den »Schmarrn« wie auch alle anderen alljährlich mit mir durchsteht. Meiner Wiesn-Familie und allen lieben Kollegen und Kolleginnen, die ich am liebsten alle einzeln aufzählen würde, aber ihr wisst schon, wen ich meine. Solveig aus dem Büro, natürlich unsere Chefs, die Familie Vollmer, Uwe, meinen Geschäftsführer, möchte ich an dieser Stelle extra erwähnen: Danke – für alles!

Danke auch an all meine Gäste, denn was wären wir ohne euch. Dieses Buch gäb's ohne euch schließlich auch nicht.

Jeden, den ich vergessen habe oder der leider keinen Platz mehr in diesem Buch hatte: Ich mag euch trotzdem wahnsinnig gern.

Aber jetzt ist gut, jetzt wünsch ich euch:

A guads neis Jahr!, Ois Guade zum Geburtsdog!, Scheene Ostern!, An scheena Sommer! – und dann natürlich: A scheena Wiesn!

Servus, macht's as guad!
  Eure Maggy

Anhang

Glossar

Anhauen, ohaun – ansprechen

Batzen – Klumpen, beträchtliche Summe

Bierburg – aufeinandergestapelte Biertische und -bänke zum Schutz vor Unwetter

Biermarke – spezieller Gutschein für ein Bier

Bieseln, hibieseln – (hin-)pinkeln

Box – eigens abgetrennter Bereich im Bierzelt

Bratzen – Vorderpfote, Hand

Charivari – Schmuck für die Lederhose

Diridari – Geld

Ganter – hölzerne oder steinerne Ablage für die Holzfässer

Ganterbursch – (junger) Mann, der die Holzfässer auf den Ganter rollt und dort für den Schankkellner abstellt

Gfrett, Gefrett – Ärger

granteln – nörgeln, murren, noch am Rande des Wohlfühlbereichs angesiedelt

Gschirr – Ansammlung von Taschen, die Bedienungen am Gürtel tragen

Gschmäh – Freundlichkeit, Charme

Guddi – Bonbon

Hacken ablaufen – viele Gänge machen

Haferlschuhe – traditionelle (Arbeits-)Schuhe meist mit seitlicher Schnürung, deren Oberteil aus einem Stück Leder gefertigt ist, Bestandteil der Tracht

Ois isi – alles easy

Pack ma's – Auf geht's

Schädelgärtner – Friseur

Schlawuzi – Schlawiner

Schlegel – schwerer hölzerner Hammer zum Anzapfen

Spezl – Freund, Kumpel

Steckerlfisch – ein Fisch, der auf einen Stab gespießt und gegrillt wird

Wechsel – Zapfhahn

Wepsig werden – nicht stillsitzen können, unruhig werden

Zefix! – Verdammt!

Zeichenkassier – Biermarkenkassierer

Zenzi – weiblicher Vorname, leider oft abwertend für Bedienungen gebraucht

Zuzeln – saugen, lutschen

Adressen

Auf der Seite
www.oktoberfest.de finden sich alle erdenklichen Informationen über die Wiesn auf Deutsch und Englisch.
Instagram @oktoberfest

Auf der Seite des offiziellen Stadtportals – www.muenchen. de – finden sich nicht nur zur Wiesn-Zeit Informationen über die 5. Jahreszeit in der bayerischen Landeshauptstadt in mehreren Sprachen.
Siehe auch unter »Veranstaltungen« www.muenchen.de/veranstaltungen/oktoberfest
Instagram @muenchen

Das Wiesn-Fundbüro inklusive Online-Verlustanzeige:
https://stadt.muenchen.de/infos/wiesnfundbuero.html

Auf www.oktoberfest-booking.com/de können Ungeduldige sich täglich informieren, wann es losgeht mit der Reservierung der Biertische in den Zelten und ob es noch Plätze gibt. Ein kleiner Überblick über die verschiedenen Zelte ist auch auf der Seite zu finden.
  Life-Hack: Rechtzeitig anmelden und den Newsletter abonnieren, um über Neuigkeiten informiert zu werden.

Wer es gar nicht mehr aushält, kann auf den Webseiten der einzelnen Festhallen Wiesn-Atmosphäre schnuppern, Reservierungen anfragen, die Speisekarte ansehen und vielleicht sogar einen Job finden.
www.festhalle-augustiner.com
https://hacker-festzelt.de
www.fischer-vroni.de/de/reservierung.html
www.weinzelt.com/de/reservierung/
… und wie sie alle heißen.

Alle großen und kleinen Oktoberfest-Zelte im Überblick: https://www.oktoberfest.de/bierzelte#:~:text=17%20große%20und%2021%20kleine,für%20jeden%20das%20richtige%20dabei! [04.03.2024]

Das Wiesn-Barometer: www.oktoberfest.de/informationen/service-fuer-besucher/die-beste-zeit-fuers-oktoberfest-das-oktoberfest-barometer

Das Bier- und Oktoberfestmuseum (mit wechselnden Ausstellungen):
Sternecker Straße 2
80331 München
Hier gibt es einige Insiderinformationen über die Geschichte des Biers wie auch des Oktoberfests zu erfahren, je nach Ausstellung auch mit Verkostung.
www.bier-und-oktoberfestmuseum.de

Das Münchner Stadtmuseum:
St.-Jakobs-Platz 1
80331 München
Aufgrund einer Generalsanierung ist das Museum derzeit geschlossen, bietet aber unter »Museum 24/7« virtuelle Rundgänge und Onlinesammlungen (auch zum Mitmachen). Siehe auch das Stichwort

»Oktoberfest«: https://sammlungonline.muenchner-stadtmuseum.de/liste?tx_so_displayso%5Baction%5D=list&tx_so_display-so%5Bcontroller%5D=Objekt&cHash=70fafbb825a565d9bb-ceddf71fb64187 [04.03.2024]

Quellen

Vorwort
Die Kaiserlich Böhmischen: »Ich bin in München verliebt«, in:
I Love Bavaria (Album). Label: TYROstar 2010

Kapitel 2: Vorglühen
»Wann die Wiesn ausfallen musste«, auf: oktoberfest.de/magazin:
www.oktoberfest.de/magazin/oktoberfest-absagen-geschichte-
krieg-cholera-corona [22.02.2024]

»Oktoberfest-Aufbau 2023: Bilder von den Arbeiten auf der Theresienwiese«, auf: muenchen.de; www.muenchen.de/veranstaltun-
gen/oktoberfest/oktoberfest-aufbau-infos-zur-sperrung-der-there-
sienwiese [22.02.2024]

Kapitel 3: O'zapft is!
»Einzug der Wiesnwirte 2024«, auf: oktoberfest.de/informationen;
www.oktoberfest.de/informationen/termine/einzug-der-wiesnwirte
[22.02.2024]

Kapitel 5: Dynastisches
Ludwig Thoma: Ein Münchner im Himmel. Hg. von W.F. Karlos.
München 2005[5]
    Das Original erschien im Jahre 1911. Übrigens wurde Thoma zu
einer Geldstrafe verurteilt, weil er es sich erlaubt hatte, seine Satire

mit den Worten zu beschließen: »… und so wartet die bayerische Regierung bis heute auf die göttlichen Eingebungen.«

Siehe auch: Ein Münchner im Himmel: Alle Infos zur Kult-satire von Ludwig Thoma, auf: muenchen.de; www.muenchen.de/leben/typisch-muenchen/ein-muenchner-im-himmel-lest-hier-die-ganze-geschichte [18.02.2024]

Kapitel 6: The Dark Side
»26. September 1980. Das Oktoberfest-Attentat.« Herausgeber: Landeshauptstadt München, Kulturreferat, München 20204; www.dokumentation-oktoberfestattentat.de/media/filer_public/a1/77/a1776fa7-f69a-435e-b6c30-8cba1bc4d25/das-oktoberfest-attentat_barrierefrei.pdf [22.02.2024]

»Der blinde Fleck«. Spielfilm von 2013 unter der Regie von Daniel Harrich, der auf dem Buch des Journalisten Ulrich Chaussy beruht (Oktoberfest – Das Attentat: Wie die Verdrängung des Rechtsterrors begann. Ch. Links, Berlin 2015, 2016)

»Wann die Wiesn ausfallen musste«, auf: oktoberfest.de/magazin: www.oktoberfest.de/magazin/oktoberfest-absagen-geschichte-krieg-cholera-corona [22.02.2024]

Kapitel 8: Rund ums Bier
o. V.: »Bierbrauen: vom Zufallsprodukt zur Handwerkskunst«, auf: Deutscher Brauer Bund e. V.; https://brauer-bund.de/bierkultur/geschichte/

o. V.: »Das chinesische Reinheitsgebot«, in: Spiegel Wissenschaft vom 24.05.2016; www.spiegel.de/wissenschaft/mensch/bier-chinesen-brauten-schon-vor-5000-jahr-a-1093701.html [04.03.2024]

Parvin Sadigh: »Archäologen entdecken älteste ›Hochleistungs-brauerei der Welt‹«, in: Zeit online vom 14.02.2021; https://www. zeit.de/wissen/2021 – 02/aegypten-brauera-archaelogie-fund-aelteste-welt-massenproduktion-bier#:~:text=Ägypten%20Archäo logen%20entdecken%20älteste%20 %22Hochleistungsbrau erei,große%20Anlage%20in%20einer%20Begräbnisstätte [04.03.2024] Archäologen vermuten übrigens, dass das Bier für Rituale rund um die Bestattung der Pharaonen diente.

»Unsere Augustiner Brauerei«, auf: www.augustiner-braeu.de/ brauerei/ [04.03.2024]

Lisa Lamm: »Jahrtausendealtes Kultgetränk: Wie das Bier nach Deutschland kam«, in National Geographic vom 21.04.2023; www.nationalgeographic.de/2023/04/jahrtausendealtes-kultge-traenk-wie-das-bier-nach-deutschland-kam-ursprung-getraenk [04.03.2024]

o. V.: »Handwerkliches Bierbrauen«, in: Deutsche UNESCO-Kom-mission; www.unesco.de/kultur-und-natur/immaterielles-kultur erbe/immaterielles-kulturerbe-deutschland/bierbrauen [04.03.2024]

o. V.: »Bayerisches Reinheitsgebot – Geschichte und Bedeutung«, auf: Bayerischer Brauerbund e. V.; www.bayerisches-bier.de/ bier-wissen/reinheitsgebot-geschichte-und-bedeutung/ [04.03.2024]

Wolf, Georg: EM 2024: Britische Regierung warnt Fans vor deutschem Bier, auf: BR24; www.br.de/nachrichten/bayern/em-2024-britische-regierung-warnt-fans-vor-deutschem-bier,U3j7ieJ [04.03.2024]

Radler – Fakten und Wissen, auf: Bayerisches Bier – Bayerischer Brauerbund e. V.; www.bayerisches-bier.de/bier-wissen/radler/ [04.03.2024]

Unsere Leseempfehlung

240 Seiten
Auch als E-Book
erhältlich

Die stille Abgeschiedenheit des Berges, fernab vom hektischen Alltag im Tal: Das sind die Sommer von Martina Fischer. Von Almauftrieb bis Almabtrieb übernimmt sie die harte Arbeit einer Almerin, melkt Kühe, macht Butter und Käse, mistet den Stall aus, füttert die Tiere. So lebt sie im ursprünglichen Rhythmus der Jahreszeiten, den Gewalten der Natur ausgeliefert. Doch einsam wird es auf der Alm nie. In ihrem Buch lässt uns die inspirierend bodenständige Autorin an ihrem Alltag, ihren Gedanken und Einsichten aus dem Leben auf der Alm teilhaben.